箱根駅伝
新ブランド校の時代

GS
幻冬舎新書
284

はじめに

「箱根駅伝《はこねえきでん》二〇一二」は、東洋大学《とうようだいがく》の柏原竜二《かしわばらりゅうじ》が走った最後の駅伝として記憶されることになるだろう。ずっと、ずっと。

東洋大は、颯爽と、圧倒的に強かった。

駅伝シーズンが始まったときは、前年度三冠の早稲田大学《わせだだいがく》、春好調の駒澤大学《こまざわだいがく》、そして柏原擁する東洋大の三強という構図になると見られていたが、十月の出雲駅伝《いずもえきでん》で東洋大、十一月の全日本駅伝《ぜんにほんえきでん》で駒澤大がそれぞれ勝つと、「二強対決」の構図が出来上がった。箱根はこの二校のマッチレース——と見られていたのだが、東洋大が二区で先頭に立つと、そのまま逃げ切ってしまった。

人間というものは欲を言い出したらキリがない。柏原が箱根山中をグイグイと登り、先行する選手をゴボウ抜きするのを楽しみにしていたファンにとっては、「先頭でタスキをもらっちゃ、つまらないねえ」なんてことを言ってしまう。たしかに気持ちはわかる。ライバルを次々抜き去るときに、チラッと相手の様子をうかがう柏原はとても素敵だったから（他校の選手を睨むのではなく、相手の様子を確認しているのだそうだ）。登りでの柏原のスピードは段違いで、それはライバル校の選手を抜き去るときに顕著になる。「わかりやすいすごさ」が頂点に達するのだ。そのシーンがなかったために柏原の力量が伝わりにくかった恨みは残った。

裏を返せば、二〇一二年の東洋大はそれほど強かった、ということなのだ。

柏原は箱根駅伝史上、最大のスターのひとりである。彼が卒業したことをさびしく思う人も多いだろうが、これからも綿々と箱根駅伝は続いていく。そこで、もう少し大きな視点に立って、箱根駅伝二〇一二の意味合いを考えてみよう。今後の学生陸上界だけではなく、日本の長距離界にとっても影響を及ぼしそうな「流れ」が見て取れた。特筆すべき注目点は三つである。

① 超高速化時代の終着点？

② ブランド校時代の到来――明治大学《めいじだいがく》、青山学院大学《あおやまがくいんだいがく》の躍進
③ 学生がマラソンを走り始めた

二〇一二に見られた「トレンド」はこの三点につきると思う。この三つを個別に見ていくと、まず、２００キロ以上の距離を走破する箱根駅伝のスピード化はここに極まったといっていい。

二〇一二年、東洋大の総合優勝タイムは10時間51分36秒。往路記録、復路記録、当然のことながら総合タイムもすべて更新しての圧倒的なスピードでの勝利だった。２位の駒澤大が11時間00分38秒だから９分以上の大差をつけたのである。

この記録の伏線になったのが箱根駅伝二〇一一の早稲田大だった。このシーズン、早大は出雲、全日本、箱根の学生駅伝三冠を達成したわけだが、箱根での記録は10時間59分51秒。優勝した早大が11時間を切ったことで、他校の監督のなかには、

「いよいよ箱根も高速化時代。きっと、社会人とも対等に渡り合える選手が出てくるでしょう。ただ、11時間を切る学校はほんのひと握り。これからは二極化が進む」

という感想を漏らす指導者もいた。

二〇一一年、2位の東洋大の記録も11時間00分12秒。このベースが箱根駅伝二〇一二での飛躍的な記録向上につながった。

たしかに二極化は進み、高速化の流れに乗ったのは東洋大、駒大、少し水を空けられて明大、早大の四校だった。

二〇一一、二〇一二と記録が向上した理由のひとつに、当初は三強と呼ばれていた早大、東洋大、駒大のライバル意識が強かったことが考えられるが、「素質」の面も見逃せない。特に一九八九年から一九九一年に生まれた選手たち——平成生まれの選手たちだ——極めて能力の高い選手が揃っている。箱根を湧かせた、日本代表クラスの選手たちにも、次のような名前が並ぶ。

一九八九　柏原竜二（東洋大↓富士通《ふじつう》）

一九九〇　鎧坂哲哉《よろいざかてつや》（明大↓旭化成《あさひかせい》）

　　　　　出岐雄大《できたけひろ》（青学大）

一九九一　村澤明伸《むらさわあきのぶ》（東海大《とうかいだい》）

　　　　　大迫傑《おおさこすぐる》（早大）

設楽啓太《したらけいた》、悠太《ゆうた》（東洋大）

素質、才能に恵まれた選手たちが集中しているのだ。リクルーティングの現場にたずさわる監督たちの意見を総合すると、現在の高校生たちは、柏原を前後とする世代と比べると選手層が薄いという。つまり、一九九二年以降に生まれた選手たちは、やや素材的に劣るのだ。素質豊かな世代が切磋琢磨して高速化をもたらしたのが箱根駅伝二〇一二だったと見ることができる。

当分、東洋大がマークした10時間51分36秒は破られないだろう——というのが私の見立てである。

向こう数年間、高速化は頭打ちになると予想されるが、別な意味で箱根駅伝の競争は激化している。受験用語で「ＭＡＲＣＨ」とひとくくりにされる大学群があるのだが、箱根では中堅校に位置するのがこれらの大学だ。すなわち、

Ｍ　明治

A　青山学院
R　立教《りっきょう》
C　中央《ちゅうおう》
H　法政《ほうせい》

の五校を指すが、立教をのぞく四校は箱根の強化に力を入れている。近年、法政は予選会突破に苦戦しているが、中央は長期安定。その隙をついて、明治と青山学院が完全に箱根でブレイクした。

特に明治が二〇一二年、早大を抜いて総合3位に入ったのは、ひとつ大きな壁を越えた印象だ。総合タイムも11時間2分50秒と、単純比較はできないものの、箱根駅伝二〇一〇だったら優勝しているタイムだ。今後数年間、明大が同じような成績を残せるのなら、駅伝名門チームの仲間入り、そして優勝を狙える力を持つようになるはずだ（陣容を見る限りその可能性は十分にある）。

また、5位に入った青山学院大も印象的な活躍をした。二区で出岐が区間賞を獲得する好走を見せ、復路でも着実に順位をあげた。二〇一一年に私が上梓した『箱根駅伝』で書いたように、青山学院大には有望な新入生が続々と入学していることから、今後は上位チームを脅かす存在になると予想する。そして二〇一二年十月、ついに出雲駅伝で優勝、学生三大駅伝優勝校の仲間入りを果たした。

中長期スパンでは、東洋大、駒大、明大、青山学院大と早大が軸となって上位争いは展開していくだろう。そのなかで受験生に人気のブランド校、明大と青山学院大は今後ますます注目の存在になる。

最後にあげるトレンドはうれしい驚きで、箱根駅伝二〇一二が終わってから、箱根に登場した選手たちがマラソンを走り始めた。

まずは、箱根駅伝では東洋大の九区を担当した田中貴章《たなかたかあき》が大学のユニフォームを着て別府《べっぷ》大分《おおいた》毎日《まいにち》マラソンを走った（2時間26分29秒で33位）。

そしてロンドン・オリンピックの選考レースでもあるびわ湖《こ》毎日《まいにち》マラソンには、青山学院大の出岐が走り、レース途中は日本人でトップに立つ活躍を見せ、2時間10分02秒で9位に入った。加えて、出岐と一緒に箱根の二区を走った平賀翔太《ひらがしょうた》（早大）もこの大会でマラソンデビューし、2時間16分30秒で32位に入っている。

この他のマラソンでは、箱根を走った選手以外でも、東洋大の選手が東京《とうきょう》マラソンに積極的に挑戦する姿勢を見せている。二〇一二年はオリンピック・イヤーだったこともあるが、ここ数年で大学生、そして指導者たちがマラソンへの挑戦を前向きに捉え始めたのが、私としてはうれしい。ロンドン・オリンピックのマラソンでは、日本とアフリカ勢との距離には埋めがたいものがあると、改めて現実を突きつけられた思いがしたが、箱根のエリートランナーがマラソンを意識し出したのは、意味のあることだと思う。

これは市民マラソンブームが選手たちを後押ししている面があるのではないか。

もちろん、市民ランナーと箱根エリートの間には大きな差がある。別府大分毎日マラソンを見ても、カンボジア代表を狙った猫《ねこ》ひろしが複数年、トレーニングを積んだ結果、2時間30分ラインまでタイムを持ってきたのは、一般ランナーとしては立派な記録だ。しかし、体調不十分でマラソン練習を十分にできなかった東洋大の田中は、初マラソンを2時間26分で走ってしまう。それだけ素質、能力の差が如実に出る。

しかし市民マラソンのブームが、42・195キロに対するハードルを低くしているのは明らか。夏場に月間1000キロ以上を走っている箱根エリートの選手たちがマラソンを走れないはずがないと、私は感じている。

それでも、長らく日本の長距離界には「マラソンは最大限の準備をしてから挑むもの」という固定観念が根強くあったと思う。さらには、日程的な困難、駅伝シーズンと大学の試験がちょうどマラソンシーズンと重なっていることもあり、大学生のマラソン挑戦はなかなか現実のものとはならなかった。

しかし、指導者の側も「あまり難しく考えず、とりあえず走ってみよう」とリラックスしてマラソンの指導に当たり始めた。その背景には、現在の学生の素質が高く、早い段階からマラソンに挑戦させてみよう――という意欲が感じられる。

まだ、結果が出るのは先だし、楽観的に過ぎるかもしれないが、箱根のエリートランナーが日本のマラソン代表となり、世界選手権、オリンピックである程度、戦える時代が来るはずだ。その意味では、二〇一三年、二〇一四年の箱根駅伝の後に、どれだけの選手がマラソンに挑戦するのかを観察していきたいと思う。

二〇一三年、箱根駅伝は新たな時代を迎える。「ポスト山の神」の時代に突入するのだ。ここにあげた三つのキーワードは今後の流れを形作っていくだろうが、間違いなく「戦国時代」がやってくる。連覇するのは難しくなり、毎年、優勝校が入れ替わる可能性がある。

今後、リクルーティングでは大きな差は出ないと予想されるので、各校の「育成力」と「区間配置力」が順位を分けることになるだろう。

東洋大と駒大は、大崩れはしない。戦力が充実している明大などは久しぶりの優勝のチャンスが巡ってくるかもしれないし、青山学院大にも展開によっては栄冠をつかむ可能性が出てくるだろう。早大だって、黙ってはいない……。

そして、シード権を争う学校、予選会突破を目指す学校にもそれぞれドラマがあり、彼らの熱量の総体が箱根駅伝を支えている。強豪校ばかりではなく、これらの学校にも注目していかなければならない。

山の神がいなくなって、より混戦の、目が離せない箱根駅伝の時代がやってきたのである。

箱根駅伝　新ブランド校の時代／目次

第六章 「スタートは知名度を上げることから」——上武大学・花田勝彦監督 161

図版作成　ホリウチミホ

第一章

ポスト柏原の時代 箱根駅伝はマラソンを強くするのか？

柏原竜二の意味

久しく忘れていた感覚が甦ってきた。

これから、日本の男子マラソンが元気になるのではないか——という予感が漂ってきたのだ。

ただ、世界選手権やオリンピックでいきなりメダル獲得が期待できるなどという、そんな甘い見通しではない。その前段階として、箱根で活躍した才能豊かな選手たちがマラソンを目指す土壌が整いつつあるのではないか、という思いがしている。

メディア的には、その中心に箱根駅伝史上、最大のスターと呼んでも過言ではない柏原竜二がいてほしい——。これは関係者の本音である。東洋大学を卒業して社会人になった柏原には大いに注目が集まるだろう。彼がマラソンに挑戦していく過程を見守ることができるのは楽しみで仕方がない。

箱根駅伝において、柏原の登場は「事件」だった。日本《にほん》テレビで箱根が全国中継されるようになってから、これほどインパクトのある走り、社会的な影響を及ぼした選手はいなかった。比較可能なのは瀬古利彦《せことしひこ》だろうが、彼の場合はマラソンでの活躍がメインであり、箱根でスターになったわけではない。

今後数年間、いや十数年は「山の神」といえば、柏原のことを思い出すことになるだろう。二〇〇七年、今井正人《いまいまさと》（順天堂大《じゅんてんどうだい》／1時間18分05秒）、二〇〇八年に駒野亮太《こまのりょうた》（早大／1時間18分12秒）が山登りで圧倒的な力を見せたときには、「このレベルで五区を走れる選手は、今後、出現するのだろうか？」と疑問に思ったほどだったが、柏原はあっさりと固定概念を打ち破った。

今井、駒野と山に強い選手が続いたが、彼らは四年生だった。大学での蓄積が彼らを強くしたのである。柏原は二〇〇九年、一年生でいきなり1時間17分18秒で山を走破し、九人抜きで往路優勝の立役者となった。もちろん区間新記録である。

二年生では記録を10秒更新、そして最終学年では1時間16分39秒まで記録を伸ばして卒業していった。この記録が破られる日が来るとは思えない――それが正直なところだが、柏原を見て箱根を走りたいと思った子どもたちが、いつの日か山の神の記録を塗り替えるかもしれない。

柏原の与えた影響は凄まじく、彼のラストランとなった箱根駅伝二〇一二では、五区にたくさんのファンが詰めかけ、二重三重どころか、十重二十重といってもおかしくないほどの人が柏原をひと目見ようと群がった。箱根山中を取材したカメラマンが、「小田原中継所からゴールの芦ノ湖畔まで、まるで『柏原街道』だったよ」と感嘆したほどだった。

成長物語があった柏原の四年間

柏原を見る人垣が幾重にもできたのは、彼の箱根での走りがひとつの物語だったからだと思う。一年生で鮮烈なデビューを果たし、そこからひとりの青年が経験する箱根駅伝で最も過酷な区間である五区を通しての「成長物語」を、テレビを通じて人々は見ていたのだ。

箱根駅伝の全国中継は一九八七年に始まり、タスキをつなぐ「ドラマ性」が人気コンテンツへと発展していったわけだが、ひとりの選手の成長が、これほどまでに劇的だったのは柏原が初めてだった。

柏原の四年に及ぶ物語はどんなものだったのか。

・一年生「誕生」

箱根駅伝二〇〇九は、様々な意味で転換点となった。まず、新しい「山の神」が誕生した。柏原の圧倒的な走りによって、東洋大は初優勝を果たした。箱根ではひとりの選手が超人的な走りを見せたとしても、トータルで11時間もかかる競技だから、なかなか優勝には直結しない。しかし柏原の走りは「ゲーム・チェンジャー」となるほど、衝撃的だったのである。最初は誰もが「飛ばしすぎだろう」と歯牙《しが》にもかけなかったのが、山を登り始めてからもペースが落ちないことに驚き、トップに立ったときには「すげえ」と感嘆し、そしてゴールでは誰もが柏原に拍手を送った。「スター誕生」の瞬間である。以後、柏原の在学中は他校が四区までにどれほどの貯金を作るかの、「柏原対策」に追われることになった。

ひとりの選手の存在が、箱根全体の文法を変えたのである。

ファンは神の誕生を祝福した。

ただ、ひとつの「錯覚」があったのを見逃してはならない。陸上競技を年に一度、箱根駅伝しか見ないファンにとって柏原は、突如として出現してきた純朴なニューヒーローだった。

一夜にして、いや、1時間20分の間にスターが誕生したという「劇的なるもの」が柏原のデビューにはあったのだ。

しかしそれは錯覚に過ぎない。柏原は高校駅伝としては無名のいわき総合高出身だが、全国都道府県対抗駅伝では素晴らしい走りを見せていたのである。

そして大学進学早々、関東インカレの5000メートルでは一年生にもかかわらず、いきなり日本人トップになった。本人は「一年生から結果を出せないようでは、二年生になってもモノにならないから」と高校時代の恩師に言われ、必死に結果を追い求めていたという。

だから決して、スターは一夜にして誕生したのではなかったのだ。それでも大多数のファンは、柏原の登場を新鮮なものとして受け止め、テレビを通じて「山の神」が一年に一度、正月の二日にどんな走りを見せるのかを待ちわびるようになったのである。

・二年生「懐疑」

一年生であれだけの快走を見せたにもかかわらず、二年目には彼の実力に疑問が呈される向きがあった。

他校の間では、「柏原が去年と同じ走りができるのか疑問が残る」という見方もあった。ひょっとしたら、その考えには超人的な走りがまぐれであってほしい――そんな願望が込められていたのかもしれない。

外野の見方をよそに、7位でタスキを受けた柏原はまたしても圧倒的な強さを見せつけた。やはり神は本当に強かったのだ。

ある意味では、この年こそが柏原にとっては真価の問われる大会だったのかもしれない。憶測や懐疑を払拭し、自らの力を証明したのである。

また、この年度から東洋大は酒井《さかい》俊幸《としゆき》監督に交代し、柏原にとっても新しい指導者との旅が始まった。東洋大は二連覇。ひょっとしたら柏原は在学中、箱根で負けを知らないまま卒業するのではないかという期待が芽生えた。柏原の力を見れば、その期待もうなずけるものだった。

・三年生「挫折」

三年生になって、柏原が初めてスランプに陥る。春から夏にかけてのトラックシーズンで結果が出ず、駅伝シーズンに入っても出雲は欠場。順調に推移してきた物語にここでブレーキがかかってしまう。そしてこのシーズン、本当のライバルが現れた。名門・早稲田大学である。早大は、才能ある下級生がそろい、叩き上げの四年生も加わってチームとしての総合力が上がっていた。渡辺康幸《わたなべやすゆき》監督も春の段階から「三冠宣言」をして士気を高め、十月の出雲、十一月の全日本を制し、東洋大の前に立ちはだかった。本当の意味での対立の構図が完成したのである。注目された箱根で柏原は、区間2位の選手に2分近い大差をつけたものの、区間記録更新は出来ず。チームとしても柏原が箱根山中で早大を逆転して往路優勝をもぎとったものの、復路で逆転されて三連覇はならなかった。その差、11時間ほどを走ってわずか21秒。東洋大、柏原にとって挫折のシーズンとなった。

この敗戦を機に、東洋大には「1秒を削り出せ」というスローガンが生まれる。

・四年生「結実」

最終学年は、大学でのキャリアにふさわしいエンディングとなった。箱根の五区ではトップでタスキを受けるという展開にはなったものの、それは柏原が在学した四年間に東洋大学が大きく進化したことの証だった。

それでも道は決して平坦ではなかった。出雲を制して三冠が期待されたが、全日本では駒澤大の後塵を拝することになったからだ。

しかし、箱根では圧倒的な力を見せつけての総合優勝。四年間で三度の優勝は、「東洋大時代」が築かれたといって構わない強さだった。

こうして四年間を振り返ってみると、柏原の物語にはハッキリとした「起承転結」があった。だからこそ、彼の最後の箱根には多くの人が引き寄せられたのだろう。

そして彼の物語は、社会人になっても続いていく。

マラソンへの挑戦という形に物語を変えて。

将来の柏原にかかる期待

柏原は二〇一二年四月から富士通に入社した。将来的にマラソンへの挑戦を念頭においており、準備を整えやすい環境を考慮して富士通を選んだと思われる。

実際、二〇一一年四月に國學院大《こくがくいんだい》から富士通に進んだ仁《に》科徳将《しなのりまさ》は入社した一年目から十二月十八日に行なわれた防府《ほうふ》読売《よみうり》マラソンに出場し、2時間15分12秒で3位に入った。その勢いを駆って二月五日の別府大分毎日マラソンにもエントリー、このときは2時間20分41秒とタイムを落としてしまったが、わずか二ヶ月の間に二度もフルマラソンを走るとは、これまでの実業団の長距離界ではあまり見られなかったことである。

これは富士通が選手の自主性を尊重して出場するレースを決めていると考えていいのではないか。

そうした環境のなかで、果たして柏原は、社会人になってどんな成長を遂げていくのだろうか。

柏原、そして関係者の話を総合すると、フルマラソンに挑戦する見込みは、順調に行って二年目になってから。本人としてはハーフマラソンの距離のスピードを磨きたいという。速さを身につけることができれば、外国勢と一緒に走った場合でも余裕を持って集団につけることができるはず――という考え方だ。

その手応えをつかんだのは、四年生のときにアンカーをつとめた全日本大学駅伝だったという。全日本の八区は19・7キロの長丁場。しかもレース当日の伊勢は十一月であるにもかかわらず気温が高く、八区を迎える時点では湿度も上昇する悪条件で、駒大のアンカーの窪田忍《くぼたしのぶ》は脱水状態になり、トップでゴールに飛び込んだ後、介抱されていた。

この状況で柏原は、57分48秒の好タイムをマークし、1分40秒あった駒大との差を33秒にまで縮めた。力強いフィニッシュだった。これまで山でばかり取り上げられることが多かった柏原だが、最後の全日本では敗れたとはいえ、平地で見事な走りを見せたのである。

このペースで走れば、ハーフマラソンでの予測タイムは62分程度になる。それくらいの時計で走れる実感を柏原はつかんだのだ。さらにスピードを磨き、コンスタントに力を出せるようになれば、フルマラソンに挑戦しても余裕を持って集団についていけるはずだ――というのが柏原の目論見のようだ。

フルマラソンで成功したいという欲求には、第三者が感じている以上のものがある。文藝春秋から発売された『ナンバー・ドゥ』で私は高橋尚子《たかはしなおこ》さんと柏原の対談の司会をしたが、

「今までも、『柏原には無理だ』と何度も言われてきて、それが悔しくて見返してやるという思いでやってきました。社会人に入ってマラソンを考えると話せば、また『柏原にはマラソンは無理だ』という人が出てくると思うんです。でも、僕はそれをひっくり返すつもりで挑戦していきたいと思っています」

と意気込みを話していた。プレッシャーをかけるつもりはないが、ハーフマラソンからフルマラソンへのロードマップの完成が待たれる。

「山の神」のフルマラソンへの挑戦は大きな話題を呼ぶだろうし、もしも柏原が成功することになれば、男子マラソンの人気面での「復興」は本物となる。

黄金時代の輝き――日本マラソン小史

今後の日本男子マラソンの「復活」を定義するとしたら、実績と人気の両面を勘案する必要がある。実績の面では、二年に一度の世界選手権を上位で走ることが肝心だ。オリンピックでも上位争いをする選手が見たい。そして国内のマラソンレースが大いに盛り上がるために、箱根のスターたちがマラソンに挑戦し、成功することを願いたい。そのなかには大学生が混じっていることが望ましい。

振り返ってみると、男子マラソンの人気の絶頂は一九八〇年代にあった。一九六四年の東京《とうきょう》オリンピックで円谷幸吉《つぶらやこうきち》が銅メダルを獲得した当時の雰囲気を私は知らない。一九六八年のメキシコ・オリンピックで君原健二《きみはらけんじ》が銀メダルを獲得したときの雰囲気も私は知らない（生まれて一年しか経っていなかった）。円谷、君原の活躍を知るのは今や、五十代も中盤を迎えた人たちだ。

一九七二年のミュンヘン・オリンピックで君原は5位に入賞しているが、四年後のモントリオール・オリンピックでは日本は不振に喘いだ。世代交代期だったのだ。このオリンピックには宗茂《そうしげる》（旭化成）が参加しているが、選考会となった一九七六年四月の毎日《まいにち》マラソンでの成績は、2時間18分05秒の3位でオリンピックへの切符を手にしている。今だったら、大学生が初マラソンでこれを上回るタイムをマークする。時代は変わったのだ。もちろん、ペースメーカーの有無など条件の違いはあるが、一九七〇年代の日本の男子マラソンのレベルを知る手がかりになると思う。

そこに瀬古利彦が颯爽と登場してきた。インターハイで800メートルと1500メートルの中距離二冠を二年連続で達成した逸材。しかし紆余曲折あって一年浪人した後に早稲田大学に入学し、一九七八年の三年生時、三回目のマラソンとなる福岡国際マラソンで2時間10分21秒で優勝、一躍、日本中の注目を浴びることになった。

ここから十年間、「瀬古劇場」が繰り広げられることになる。一九七九年、モスクワ・オリンピックの代表選考会となる福岡国際《ふくおかこくさい》マラソンでは宗兄弟をトラック勝負で振り切って優勝した。

「宗さんたちは、私がトラックのスピードが速いことは知っていたので、長いスパートを仕掛けてきた。それに対応しながらトラックに持ち込んで、スプリント力で勝つのがパターンだったね。私、短距離も速いんだよ（笑）」

と当時のレースを振り返ってくれたことがある。

瀬古のゴール前の戦慄のスパートは、間違いなくオリンピックで通じるはずだった。しかし、モスクワ・オリンピックはアメリカがソ連のアフガニスタン侵攻への抗議の意味でのボイコットを決定、日本政府もこれに追随した。愚策。西側から参加したイギリスは尊敬を集めた。金メダルに近い位置にいるといわれていた瀬古利彦は、モスクワのコースを走ることさえかなわなかった。

捲土重来《けんどちょうらい》を期したロサンゼルス・オリンピックだったが、コンディショニングのミスから瀬古は14位に終わった。しかし、宗猛《そうたけし》が4位に入って日本勢はどうにか面目を保つ形になった。

ロサンゼルスからソウル・オリンピックまでの四年間こそ、男子マラソン界が最も盛り上がった時期だったかもしれない。すでにピークは過ぎていたものの、瀬古がまだ踏ん張り、そこにたたき上げの中山竹通《なかやまたけゆき》が絡んできた。ふたりはすべてにおいて対照的で、瀬古が早大卒であるのに対して中山は高卒。中山は長身のハスキーボイスで、これまでの日本のマラソンランナーからすると、すべてが「規格外」だった。

最も世間の注目を集めたマラソンは一九八七年に行なわれたソウル・オリンピックの選考レースであろう。今では複数の選考レースがあるが、このときだけは福岡国際の一発選考となった。選考の透明性を意識したのだろうが、これがかえって仇となってしまう。

瀬古がケガのために福岡国際マラソンを走れなくなり、常識で考えるなら、瀬古はオリンピックに出場できない。瀬古の欠場を受けて、中山は「這ってでも出てこい」と話したなどと、テレビのワイドショーでも大きく取り上げられた。中山は氷雨となった福岡国際の中間点まで世界記録を上回るペースでぶっちぎりの優勝。瀬古のチームメイトである新《しん》宅《たく》永灯至《ひさとし》が2位、工藤一良《くどうかずよし》（日産自動車《にっさんじどうしゃ》）が日本人3位に入ったが、工藤は即座に内定とはならなかった。急遽、瀬古のために二月の東京、三月のびわ湖毎日マラソンが選考レースに追加されたからである。びわ湖で優勝し瀬古は代表となったのだが、瀬古は福岡国際での工藤のタイムを上回ることができなかった。

代表選考までのゴタゴタ続き。ただし、マラソン人気の一部に「選手選考」があることは否めない。一九九二年のバルセロナ・オリンピックでは女子の代表の座をめぐって、有《あり》森《もり》裕子《ゆうこ》と松野《まつの》明美《あけみ》のどちらが選ばれるのかも世間の耳目を集めた。有森対松野、どちらも個性的な選手、現在的な視点でみれば横綱級の対決である。

日本人は「人事」が好きなので、マラソンの代表選考が揉めると興味を惹かれる習性がある。もちろん、取材する立場としてはクリーンに、明解な選考を期待したいが、今後、ワイドショーで取り上げられるほどになれば、マラソンの人気も復活してきたということになる。柏原の初レースは大変なことになるだろう。

揉めに揉めたソウル・オリンピックの選考だったが、オリンピック本番では中山が4位でメダル獲得はならず、瀬古は9位に終わったがガッツポーズでのゴールが忘れられない。前年からは箱根駅伝の全国中継が始まり、右肩上がりの人気を獲得していくが、それと反比例するように男子マラソンの人気は下り坂に入っていく。

何やら象徴的な出来事である。

それでも一九九二年のバルセロナ大会で森下広一《もりしたこういち》（旭化成）が銀メダルを獲得し、有力視されていた谷口浩美《たにぐちひろみ》（旭化成）が「コケちゃいました」と話して日本中を和ませたのが、日本男子マラソン最後の輝きともいえるが、社会的な影響力は一九八〇年代ほどではなかった。むしろ、この時期から有森、高橋尚子、野口《のぐち》みずきと女子マラソンの時代が十年以上にわたって続いていく。

スポーツとはいえ、現代のマスコミが重視するのは「競技力」だけではなく、「キャラクターの強さ」なのである。瀬古、中山時代は過去のものになり、女性ランナーの魅力にみんな惹かれていったのだ。

ロンドン・オリンピックを見ても、メダリストのキャラの濃さによって露出が変わってくる。それは視聴率を重視する以上、競技力よりもどれだけ話す能力を備えているか、どんなバックグラウンドがあるかによって決まってくる。

これから、キャラクターの面では男子の長距離界は面白いと思う。柏原には独特の色合いがあるし、彼を中心に様々な選手たちが彩りを持ってくる。すでに箱根駅伝で証明されていることだが、それがマラソンにつながっていくことを望んで止まない。

川内優輝と君原健二には共通点がある？

現在、男子マラソンで最も「キャラ立ち」しているのが、惜しくもオリンピック代表にはなれなかった「公務員ランナー」の川内優輝《かわうちゆうき》である。

箱根駅伝には学連選抜で出場しているものの、出身大学は学習院大学。実業団には進まずに埼玉県庁の職員として日中は勤務を続けながらトレーニングを積み、全国各地や海外のフルマラソン、ハーフマラソンに出場する。二〇一一年の福岡国際マラソンでは日本人最上位に入り、オリンピック代表候補として有力視されたが、二月の東京マラソンでは14位。この結果が仇となって、ロンドンを走ることはかなわなかった。

普通、実業団のランナーだったら東京マラソンはスキップしていたはずだ。しかし、あくまでスタンスとして一般ランナーである川内には東京を欠場するなど考えられなかったのだろう。失ったものは大きすぎたと思うが……。

ただ、陸連の選考基準として福岡国際を重視する姿勢を打ち出しても良かったはずだが、そうした声は聞かれなかった。川内が台頭してきた時期から、川内があまりにも大会に出場しすぎることに疑問を呈していた関係者がいたからだ。

つまり、マラソンは十二分な練習を積んでからでないと、世界とは台頭に勝負できないという発想である。

これは、本当に妥当な考え方なのだろうか？

勤務しながら走り続ける川内にとっては、大会で走ることが身体に対する強めの「刺激」となる。大会が調整になるのだ。これに賛同しているのが藤原新《ふじわらあらた》で、藤原も練習パートナーがおらず、ふだんの練習では彼のボランティアスタッフがｉＰａｄを持ちながら自転車を漕いでペース管理をしている。エリートランナーのマラソン練習の形態が、バラエティに富んできている。藤原も大会に出場することで、レース勘を磨き、本番へ備えるアプローチをとった。

ある意味、「アンチ陸連」的な方法だったのだ。

【君原健二のマラソン成績】

年月	大会名	タイム	順位
1962.12	朝日国際マラソン	2時間18分01秒	3位
1963.2	別府大分毎日マラソン	2時間16分19秒	4位
1963.5	毎日マラソン	2時間20分24秒	優勝
1963.1	朝日国際マラソン	2時間18分01秒	2位
1964.4	毎日マラソン	2時間17分11秒	優勝
1964.1	東京オリンピック	2時間19分49秒	8位
1966.2	別府大分毎日マラソン	2時間15分28秒	3位
1966.4	ボストンマラソン	2時間17分11秒	優勝
1966.6	毎日マラソン	2時間37分57秒	7位
1966.9	玉造松江毎日マラソン	2時間20分27秒	優勝
1966.1	ソウル国際マラソン	2時間19分57秒	3位
1966.12	アジア大会（バンコク）	2時間33分22秒	優勝
1967.2	別府大分毎日マラソン	2時間13分33秒	優勝
1967.8	タイムスマラソン	2時間20分16秒	優勝
1967.1	プレ・オリンピック（メキシコシティ）	2時間21分57秒	2位
1968.2	別府大分毎日マラソン	2時間16分32秒	3位
1968.4	毎日マラソン	2時間14分46秒	3位
1968.6	ポリテクニック・ハリアーズ・マラソン	2時間15分15秒	優勝
1968.1	メキシコシティオリンピック	2時間23分31秒	2位
1969.4	アテネ国際マラソン	2時間13分25秒	2位
1969.7	マクソールマラソン	2時間23分25秒	7位
1970.2	別府大分毎日マラソン	2時間17分12秒	優勝
1970.4	毎日マラソン	2時間22分14秒	7位
1970.10	コシチェ国際平和マラソン	2時間18分06秒	2位
1970.12	アジア大会（バンコク）	2時間21分03秒	優勝
1971.2	別府大分毎日マラソン	2時間16分52秒	優勝
1971.3	毎日マラソン	2時間28分26秒	13位
1971.9	プレ・オリンピック（ミュンヘン）	2時間17分00秒	2位
1971.12	国際マラソン	2時間21分52秒	11位
1972.3	毎日マラソン	2時間21分06秒	2位
1972.10	ミュンヘンオリンピック	2時間16分27秒	5位
1972.12	国際マラソン	2時間15分52秒	5位
1973.2	別府大分毎日マラソン	2時間14分55秒	優勝
1973.4	アテネ国際マラソン	2時間19分09秒	2位

しかし、今回、本書を執筆するにあたって過去のランナーのマラソン歴を調べてみて驚いた。

昔のエリートランナーは、「じゃんじゃん」大会に出場していたのである。なかでも驚かされるのはメキシコ・オリンピックの銀メダリストで、東京、メキシコ、ミュンヘンと三大会連続で代表に選ばれた君原健二である。

君原といえば、昭和三十年代以前に生まれた世代にとってはスターランナーである。首を傾げ、苦しそうに走る姿が特徴的で、決して美しいフォームではない。しかし、心に訴えかけるものがある走りなのだ。

その君原は、競技者として一九六二年の朝日《あさひ》マラソンを皮切りに、一九七三年までの十二年間に実に三十四回もフルマラソンを走っている。しかも彼は、引退後も走り続けている。

特に驚くのは、一九六六年の一年間に別府大分、ボストン、毎日、玉造松江毎日《たまづくりまつえまいにち》、ソウル国際《こくさい》、バンコク・アジア大会の六レースを走っていることだ。しかも由緒あるボストン、玉造毎日、そしてアジア大会で優勝している（ボストン・マラソンは四月の第三月曜日の祝日に行なわれる習わしだが、野球のレッドソックスのゲームはこの日は午前11時に「プレイボール」となる。一九六六年の四月十九日、きっと、レッドソックスのファンが君原に声援を贈ったのだ。また、この年は初めて女性の完走者がいたことで記憶される大会だ）。

オリンピックの年でさえ、あまりペースを落とすこともなく、銀メダルを獲得した一九六八年も別府大分、毎日、ポリテクニック・ハリアーズ、そしてメキシコシティの本番と四レースを走っている。

圧巻なのはミュンヘン・オリンピックの後で、二ヶ月後には福岡国際マラソンを走り、年が明けて二月におなじみの別府大分、四月のアテネ国際《こくさい》を走り、これを最後に競技者としては引退している。

オリンピックを含め、半年の間に六レース。今では信じられないようなスケジュールで大会に出場しているが、なにより君原自身がマラソンを好きなこと、そしてこれだけ走っても潰れないほどの強靭な肉体を持っていたことが特筆される。

もちろん、「今とは時代が違う」という反論もあるだろう。君原のベストタイムは2時間13分25秒であり、現在のスピードレースとはマラソンの中身が違うのは認める。しかし、これだけ走っても結果を残していた選手が一九七〇年代までは日本に存在したのである。

常識を変えたのは宗兄弟?

ではなぜ、君原というオリンピック・メダリストのアプローチが忘れ去られ、現在の「練習重視」の発想が基本となってしまったのだろうか? そのベースを作ったのは宗兄弟ではないかと私は推測する。

瀬古に取材をしたときのこと、早大に入学したばかりで右も左もわからなかった瀬古に、監督の中村清《なかむらきよし》は宗兄弟の考えられないような練習メニューを伝えたという。40キロ走は当たり前、インターバルでも距離走をばんばん走り、それでいて体は壊れない。

「それくらい練習をしないとオリンピックには行けないんだと思いましたよ」と瀬古が話すように、宗兄弟を支えたのは豊富な練習量だった。

そして瀬古は「打倒・宗兄弟」を果たすべく猛練習に励むのだが、瀬古自身も豊富な練習量に耐える——いや、練習してもすぐに疲労が抜ける強靭な肉体を持っていた。

その瀬古だが、一九七七年にマラソンデビューして以来、十二年間に及ぶマラソンのキャリアを誇っているが、この間に十五回走っている(うち十度優勝)。ターゲットを絞り、海外でもボストン、ロンドン、シカゴなど目的が明快な大会を選んでいる。つまり、瀬古、宗兄弟が活躍した一九八〇年代から君原のようなスタイルではなく、しっかりとターゲッ

【瀬古利彦のマラソンヒストリー】

年月	大会名	順位	備考
1977.2	京都マラソン	10位	新人賞獲得
1977.12	福岡国際マラソン	5位	日本人最上位
1978.12	福岡国際マラソン	優勝	当時世界歴代10位、 当時日本学生最高記録
1979.4	ボストンマラソン	優勝	当時世界歴代9位、 当時日本学生最高記録
1979.12	福岡国際マラソン	優勝	モスクワ五輪代表権獲得、 福岡日本人初の2連覇
1980.12	福岡国際マラソン	優勝	当時世界歴代8位、 福岡日本人初の3連覇
1981.4	ボストンマラソン	優勝	当時世界歴代5位、当時大会記録
1983.2	東京国際マラソン	優勝	当時日本最高記録、 当時世界歴代3位、当時大会記録
1983.12	福岡国際マラソン	優勝	ロサンゼルス五輪代表権獲得、 当時世界歴代6位相当、 福岡日本人初の4回制覇
1984.8	ロサンゼルスオリンピック	14位	
1986.4	ロンドンマラソン	優勝	ロンドン日本人初の優勝
1986.1	シカゴマラソン	優勝	自己最高記録、当時世界歴代10位、 シカゴ日本人初の優勝
1987.4	ボストンマラソン	優勝	ボストン日本人初の複数回制覇
1988.3	びわ湖毎日マラソン	優勝	ソウル五輪代表権獲得
1988.10	ソウルオリンピック	9位	

トを定め、それに向けて計画的な練習を重ねていくスタイルが確立されたと思われる。

その後も、森下、谷口に代表される旭化成勢、トラックを中心とした種目に代表を送り込んだヱスビー勢が陸上界の主軸となっていったから、こうした「ターゲット攻略法」が戦略として定着していった。

しかし、それは2時間10分を切って、8分台で決着がつく時代の「文法」ではなかったか。スタミナ、最後のスプリント勝負で決着がつくには、この方法が有効だった。しかし、前半からのスピードがより重視される時代を迎えてから、この方法の有効性は失われ、日本勢はしばらくヒントさえ見つけられない状況になっていた。

川内や藤原といった独立系のランナーの、「レースを積みながら強くなっていく」という発想は斬新に見えるが、実は君原のアプローチと共通点が見られる。決して「先祖帰り」とはいわない。かつて、同じような方法を選択していた先人、オリンピックの銀メダリストが日本にいた、という話である。

それにしても二〇〇九年にマラソンデビューした川内の、マラソン歴には驚かされる。二〇一一年には五レースを走り、オリンピック出場はならなかった二〇一二年にしても九月までに六レースを走っている。

今こそ、マラソンへのアプローチをより柔軟に捉えた方がいいのではないか。イニシアチブを握るアフリカ勢の戦略が変化するなかで、ずっと後手に回ったままなのだから、オープンな気持ちでマラソンを捉えていった方が面白いと思う。

距離を踏めば踏むほど、スピードを養う力は失われるのだ。

距離とスピードのバランスを、どのポイントで発見するのか。

それが今後、柏原をはじめ、箱根駅伝で各大学のエースランナーとして活躍した世代の、社会人になってからの「宿題」になるはずだ。

第二章

「箱根駅伝を特別に捉えない」

――東洋大学・酒井俊幸監督

箱根駅伝の未来を見据えて

一九七六年生まれの三十六歳。まだまだ青年の面影が残る酒井俊幸監督だが、就任以来の箱根での成績は優勝、2位、そして優勝と盤石の強さを見せている。柏原竜二がいたことで山登りの選手を育成する必要がなかったとはいえ、箱根駅伝二〇一二での大会新記録による優勝は、チーム全体の力が向上していたからに他ならない。

また、箱根が終わってからも選手のロードレースへの参加に積極的で、田中貴章の別府大分毎日マラソン、双子の設楽兄弟の弟、悠太のニューヨーク・シティ・ハーフマラソンへの挑戦など、駅伝を土台とした強化を図っている。また、ロンドン・オリンピックには西塔拓己《さいとうたくみ》が競歩の代表となり、長距離以外でも東洋大の活躍が目立つ。

他大学の監督のなかには、箱根駅伝二〇一二の結果を受けて「これからは、より箱根に集中した取り組みをしないと、箱根でいい結果を残すのは難しいかもしれない」という本音も聞かれた。しかし酒井監督は、学生長距離界をリードしながら、駅伝からその先の未来を見据えている。

就任早々、どのようにして最強チームは作られたのか。そしてその強さの源は何か。箱根駅伝二〇一二を振り返りながら、ポスト柏原の時代をどうコーチングしていくのかなど、酒井監督に聞いた。

往路で他大学の気持ちを萎えさせたい

――箱根駅伝二〇一二については、監督が思い描いた通りのレースだったんじゃないですか。まさに圧勝でした。

酒井 たしかに、ウチのプラン通りにレースが進みました。ただ、思い描いて以上の走りを選手たちはしてくれたなと思っています。「百点満点」って、ああいうレースのことを指すんじゃないかと思うほどでした。

――各大学の監督にうかがうと、十二月下旬の段階で、ある程度、結果が予想できると聞きます。酒井監督としては、年末の時点でかなり手応えがあったんじゃないですか。

酒井 二〇一一年の大会前と比較すると、チーム力はまったく違いました。やはり二〇一二は十六人のエントリーメンバー全員がプラン通りのトレーニングができていましたし、もし万が一、たとえばインフルエンザなどの集団感染が起きて六人が走れなくなったとしても、他に十人いる、という自信がありましたね。

――そうすると総合タイムで、10時間51分台というのは想定の範囲内でしたか。

酒井　いや、さすがにあそこまでのタイムが出るとは想像していませんでした。ただ、直前の練習の状態を見ていくと、10時間55分ぐらいは出るかな、と思っていました。

――そのタイムが出るとなれば、ライバルと目されていた駒大にも、十分に勝てると踏んでいらっしゃったでしょう？

酒井　考え方としては、まずは往路優勝するというのが総合優勝に向けての大前提になるわけです。ウチとしては往路優勝するにしても、2位以下にどれくらいの差をつけて取るのか、というのが問題でした。大会前は、マスコミのみなさんにも「柏原が他を諦めさせるぐらいの走りをしたい」と言っていたのですが、本音では、他の学校が戦意を喪失するくらいの走りを、往路でしたいと思っていました。

――柏原君だけではなく、往路のメンバー五人で相手の気持ちを萎えさせる。それくらいのイメージですね。

酒井　往路は一区から宇野博之《うのひろゆき》、設楽啓太、山本憲二《やまもとけんじ》、田口雅也《たぐちまさや》、柏原と、相手を戦意喪失させられるだけのメンバーが揃っていましたから。東洋大としては往路も取って復路も取っての完全優勝ということを考えたので、復路にもメンバーを温存しておきました。

区間配置の考え方

——往路は完璧なレース運び。驚いたのは復路の七区に設楽悠太選手を起用したことです。監督が七区を重要だと考えているのがよくわかる采配でした。

酒井　実は大会前に、生島《いくしま》さんの『箱根駅伝』を読んで、それがヒントになったんです（笑）。

——えっ、光栄です（笑）。

酒井　大八木《おおやぎ》（弘明《ひろあき》・駒澤大監督）さんは復路に攻撃的な布陣を敷く発想だな、というのが再確認できて、なかでも七区を重視しているんですよね。そう考えると、きっと七区は上野《うえの》（渉《わたる》）君で来ると予想していました。だから十二月十一日のエントリー発表の会見で、どの区間を重視されますか？　という質問に、七区と答えようかと思ったんですが、やめたくらいですから（笑）。シード権を取るチームだと、九区、十区を厚めにしますが、優勝争いをするチームになってくると、七区、八区、特に七区はレベルが高くなっています。設楽悠太を配置できたのは大きかったですね。

――彼を温存できるというところが東洋大の選手層の厚みですね。区間配置を振り返っていくと、早稲田の渡辺監督が、一区の宇野君の走りが大きかった、とおっしゃっていました。

酒井　宇野は前回、四区を走りましたが、本来は彼に一区を走ってほしかった。二〇一一年にウチが早大に対して後手後手に回ったのは、宇野が本調子でなかったことが響いているんです。東洋が早稲田、駒澤に勝つためには、自分たちのベストの布陣を組まなければ絶対に勝てない。

――それは、三校の監督さん、みなさんおっしゃいます（笑）。

酒井　相手がどうのこうのじゃなくて、自分たちの能力を出し切らないと、タイムは出ません。宇野は四年間で一番練習ができてましたし、宇野がしっかり走ってくれたことで二区の設楽啓太が早大を抜くことができたわけです。続く三区は、設楽悠太を使ってくるんじゃないか、と予想していた方が多かったと思います。ここでは山本が非常に成長して、山本は区間賞こそ取っていませんが、歴代の記録を見ても彼よりいいタイムを持つ日本人選手は、竹澤健介《たけざわけんすけ》（早稲田大↓ヱスビー食品《しょくひん》）と佐藤悠基《さとうゆうき》（東海大↓日清食品《にっしんしょくひん》グループ）だけです。コスマスがあれだけの走りをしましたから区間賞は逃しましたが、山本は素晴らしい走りをしてくれました。

——四区は一年生の田口君を起用してきました。短い区間ですが、一年生を使ってくるとは驚きました。

酒井　田口は十一月ぐらいから、使えるという判断をしていました。直前の十二月の練習では設楽たちと遜色ない走りができて、急激に伸びた印象です。もともと身体能力が非常に高い選手で、日本人離れしたバネもあるし、手足も長い。その能力をようやく使いこなせるようになってきたのかな、と思いました。

全日本大学駅伝の敗戦が箱根の勝利を生んだ

——ここで前哨戦となる出雲、全日本を含めてシーズンを振り返っていただきたいと思います。二〇一一年のシーズンは、出雲で優勝した段階で、「三冠もある」と僕は踏んでいました。なんといっても東洋大は距離が伸びていいチームですからね。出雲で優勝ということは、夏場が良かったと考えていいですか。

酒井　例年だと箱根に向けてじっくりと練習を積んでいくんですが、二〇一一年度の夏は出雲、全日本を獲りにいくスケジュールに変えていたんです。それは前年度、早稲田に三冠を取られてしまって、これではダメだと。私自身の固定概念が払拭されて、練習計画も変わっていったということです。

――箱根だけじゃなく、秋から攻めていくということですね。

酒井　これまで通りの練習をしていれば大丈夫ということは絶対にない。どんどん新しいことを取り入れていかないと、もう選手たちの中身も変わっているし、十年前の指導法が今の選手に有効か、と考えると見直すべきところがたくさんあるんです。

――ところが全日本では駒大に後れを取ってしまった。これは取りこぼしでしたか？

酒井　いや、駒澤さんは強かったです。現に駒澤、東洋と来て、3位の早稲田との差は5分近くあったわけですから。違う年度だったら、おそらくウチも勝てていたでしょう。それほど、ウチと駒澤さんは図抜けていたと思います。

――全日本で負けたのは、東洋大にどんな影響を与えましたか。

酒井　チームにとっても、監督としてもプラスになりました。やっぱり人間なら誰しも、勝つと気持ちが緩んでしまう。出雲に勝って、そうした面が出てしまったかもしれません。全日本は駒澤さんを追う展開になりましたが、最終区の八区がウチにとっては箱根への伏線になりました。

――アンカーの柏原君が猛烈な追い上げを見せましたね。

酒井　柏原が追って、追って、駒澤さんの背中が見えてきた。もしかしたら、逆転できるかもしれない、そこまで頑張った。でも、結果的には負けて、悔しい。じゃ、最後の箱根は絶対に勝ってやるという気持ちになりました。

――柏原君、あの走りで随分手応えというか、平地での手応えを感じたようでした。

酒井　全日本で負けたのは悔しかったでしょうが、柏原が出雲では一区で本来の走りができなかった。それが全日本で、自分自身も安心できるような走りができたのが箱根につながりましたね。あとは何より、彼の追い上げが、絶対に諦めないという姿勢を示してくれたことが、チームにとっては大きかったです。駒澤さんのアンカーの窪田君に対して1分以上も詰めた。

――レースが終わって集合しているときに、柏原君が泣いている姿が印象的でした。

酒井　そう、振り返ると、あれがチームにとって良かったと思います。柏原がタスキをもらう時点では、かなり差が開いていたんで、「優勝できないんだったら、2位も途中棄権も一緒ですから、行かせてください」と言ってきたんです。じゃあ、アンカーのお前に任せるよと言って送り出したんです。

――今までは出雲、全日本では前の区間で流れを作る役目だったのが、四年間で初めてアンカーに起用された。

酒井　これまでは柏原が流れを作って、他の選手の育成という形が全日本の戦い方でした。二〇一一年は柏原をアンカーに置いて勝負にいったんですが、正直、勝つには一枚足りないとは思っていました。

――それは、全日本の出場選手である八人のなかでは、という意味ですよね？

酒井　その通りです。駒澤さんのスピードランナーに太刀打ちするには、どうしても一枚足りないと予測していました。

――面白いのは、八人だと一枚足りないといっても、十人でタスキをつなぐ箱根となると、また違う発想になるんですよね。

酒井　コースの状態と、特性と、チーム構成によって優劣は微妙に変化しますから。

箱根必勝法――育成の発想術

――全日本の2位という結果から、箱根で大記録をマークするまで二ヶ月ほど。この期間に夏場までのスピード育成と、箱根向けのスタミナ養成の両立を実現したということですよね？　それは監督の発想の転換というか、練習メニューにも変化があったということですか。

酒井　箱根を特別に捉えるのはやめたんです。箱根の歴史をたどってみると、二区を走るようなエースクラスの選手というのは、距離に関係ない走りをします。20キロ以上に対して、心理的な障壁がないし、実際に強い。大学だと出雲、全日本といった駅伝は距離が短いと考えがちだったと思うんですが、箱根も同じような発想で強化を進めていく。箱根は20キロもあるじゃなくて、20キロしかないという発想に変えていくと、自ずと強化方法も変わってくるんです。たとえば、ニューイヤー駅伝では区間によっては秒単位での走りが要求されてきます。箱根に関しても、そうした緻密なレースの延長線上にあると考えてもいいんじゃないかと。

――長らく、走り込みが箱根の強化方法として定番だったとは思うんですが……。ここ数年で変化してきたと思っていいんでしょうか。

酒井　東洋大の前に、高校生の指導をしてきた立場から考えると、大学一年生が30キロを何度も走ることはリスクが高まります。よく言われるのが、夏の合宿で1000キロを走るというのがひとつの目安に使われる場合があります。でも、私からすれば、いや、ちょっとそれを四年間やれっていうのは無理でしょう、と思ってしまうわけです。

――走り込みだけでなく、強化の方法にもいろいろな考え方、「多様性」があってしかるべきということですね。

酒井　下地ができている選手だったら可能でしょう。高校時代、いわゆる強豪校で鍛えられていれば、夏合宿もかなり走っていますから。でも、地方の公立校で一人で頑張っている子や、一般的な部活動で走っている子が大学で陸上部に入ってきたら、想像を超えた「えっ、こんな世界があるの？」と驚くはずです。そうした環境で走ってきた選手も、走れるように指導することも大切だと思うんです。

――そうなると、選手たちを「一団」として捉えて指導するのは難しくなりますよね？

酒井　今は走力に合わせて、細かく分けて練習を進める場合はあります。距離走で30キロを走るとなったときに、入学したばかりの一年生と四年生を一緒に走らせても効果は薄れてしまいます。一年生については、距離走といわずにジョグの延長という感じです。年間を通して練習をこなせるようになって、そこから力をつけていく、というのが普通です。

――二〇一二年に一区を走った宇野君のように、年々体が強くなっていってタフな練習をこなせるようになる、というのが理想の育成方法なんでしょうか。

酒井　理想です。彼は三年生のときは一本も30キロ走をやっていません。スタミナが付きやすい選手と付きにくい選手って、どうしてもいるんです。宇野の場合、20キロまでしか走っていないんですが、そうした走る感覚さえ付けてあげれば、箱根の距離は走れてしまう。スタートラインに立ってレースに臨める体さえ作ってあれば、やれる選手はいます。

——やっぱりある程度集団ではなくて、細かいブロック分けが必要な時代になったということでしょうか。

酒井　練習でも、選手の組み合わせが大切です。もちろん、底辺から走り込みをしながら上げてくる子も部にとっては必要です。そうしたタイプの選手が練習をする場合は、同じような体型とか、骨格とか、どちらかといったらバネ系じゃなくて、重心が下の方にある安定感のある選手同士を組ませる。このタイプの選手たちは、じっくり長い距離を走ることができます。反対に、バネがあって、走りにキレのある選手は、同じような練習をさせても疲労がたまりやすく、飽きてしまうんです。性格の問題もありますが、ゆっくり走ることができない選手っているんですよ。

——ゆっくり走ると、かえって疲れちゃうタイプ。

酒井　そういうタイプの選手たちは、集団のなかで走れないんです。パッと走って、パッと終わりたい。動きが悪くなるし、僕はやりたくないと考える選手はいます。

――そうすると、ある程度、個人個人を見ていくというのが酒井監督のスタンスですね。

酒井　そう心がけています。ウチはまた、その幅が広い。高校生を勧誘するにしても、強豪校の子もいれば、陸上では無名の高校の選手もいる。5000メートルを13分台で走る子もいれば、15分を切っていない子もいます。でも、15分を切っていない選手にも役割があって、コツコツやっていくし、ケガのときでも真面目にリハビリに取り組む。それが部の雰囲気を作っていく大切な要素なんです。僕が見ていて面白いのは、選手同士がお互いを尊重しているということです。

――それは三年間指導に当たられて、監督が確立していったものなんですね。

酒井　大学の陸上界の面白さは、学校によって強化方法に特色があることです。もちろん、各監督の色もありますけど、結局は大学のカラーを表現していると思うんですね。

――大学のイメージと駅伝のスタイルがつながっている。取材していて、たしかにそれは感じますよ。神奈川大《かながわだい》の大後《だいご》監督も同じことをおっしゃっていました。

酒井　東洋には東洋のやり方があります。たぶん、早稲田さんがウチと同じようなやり方はできないと思うんです。早稲田は早稲田で、大迫君のようなスター選手がいて、華やかな雰囲気がある。もし、早稲田が地道に強化し出したら、ウチとしては白旗になっちゃいますから。

――選手たちはメールなんかで練習情報の交換をしていますが、箱根の魅力は学校ごとの独自色が強いところにある。明治、青学も派手な雰囲気がありますが、学校のカラーが反映されていますよね。

酒井　早稲田、明治はスターがいるという空気がありますよね。そこに青学さんが食い込んできている。駒澤さんには駒澤さんのスタイル、雰囲気がありますし、色とりどりで本当に面白いです。

選手を追い込むとき

――カラーがあるなかで、酒井監督の色だな、と思ったのは、二〇一二年の表彰式が終わって、十区を走れなかった川上《かわかみ》（遼平《りょうへい》）君に声をかけていたのを見たとき、ああ、酒井監督は高校の先生だったことが大学生を指導するにあたっての原点になっている、と思ったんです。おそらく、川上君を使っても勝ってましたよね？

酒井　たぶん、勝ってますね。

——直前になって、四年間貢献してきた川上君ではなく、三年生の齋藤《さいとう》君を起用された意図はどこにあったんですか。

酒井　やはり競技者として、チームとしてベストを尽くそうと考えました。二〇一一年のシーズンは、「一秒を削り出せ」というテーマでスタートして、東日本大震災もあって、苦しいときこそひるまず前に行こうと決めていました。あのチームの原点に返ると、貯金に甘えず攻めていくというのが基本にあったわけです。

——それでも学生スポーツである以上、四年生を使いたいというのもまた、指導者の方には気持ちとしてあると思うんです。四年生で走れないと、人生に影響があると思ってしまうんですよ。

酒井　川上の調子がなかなか上がってこない現実がありました。一方で、齋藤貴志《たかし》という選手は、夏に救急車で運ばれるぐらい追い込んだ練習をした選手でした。長距離では考えられない、七十一キロぐらい体重があったんですが、夏だけで六キロ痩せました。一時、六十三キロまで落ちて。そのときに走ったら、倒れて救急車で運ばれたんです。

——貧血ですか。

酒井　いや、もう追い込んで、追い込んで。クロカンやってたら、帰って来ないんですよよ。

監督、齋藤がクロカンで倒れてますって（笑）。

――監督からすると、彼は追い込まなければいけない選手だったんですか。

酒井　一年生、二年生のときは、追い込めるほど体力がありませんでしたね。それに齋藤はもう、甘い物、とりわけあんこが大好きで……。

――それはいけませんね（笑）。

酒井　僕は齋藤に、「野球でたとえるならば、いつでも代打に行けるように、常にネクストバッターズサークルでバットを振っとけ」と言い続けてきたんです。ただ、三年生で頑張れなかったら、四年生はないよと。三年生で箱根が見えなかったときには、四年生ではチャンスはない。今年が最後だと思って、それくらいの覚悟でやれと伝えていたんです。齋藤も「才能はないけど、努力できる才能はあると思っています」と言い、実際に頑張ってくれました。ただ、川上と比較した場合、ふたりとも仙台育英《せんだいいくえい》高出身なんですが、川上は見た目もスッキリしたエリート。齋藤はどちらかといえば無骨な感じです。走力を比較すると、出雲、全日本の短い距離は川上の方がいい。出雲は川上が二区でいい走りをしていなければ優勝していませんでした。ただ、距離の長い箱根を考えると齋藤の方が適性があると判断したわけです。

――川上選手には、交代をいつ伝えたんですか。

酒井　川上には、往路も終わって、箱根の宿舎から夜の八時くらいに電話で伝えました。本人は走るつもりで夕食も食べ終えていた時間です。

――監督としてもつらい……。

酒井　そうですね。ただ、私も四年生のときにそういう状況だったんです。チームで持ちタイムは一番良かったんですけど、予選会に出て、青東駅伝《あおとうえきでん》に出て、その後故障してしまって。十一月はまったく練習できず、十二月もごまかしながらの練習しかしてなくて。やっぱりハーフマラソン以上の距離ではごまかしは通用しないんです。箱根の距離だと、15キロ以降に失速してしまいます。ましてやアンカーは23キロあって、20キロ過ぎの3キロは違います。駒澤さんは絶対に復路優勝したいわけだから、エースの窪田君を九区に置いてきた。ウチとしては復路を逆に駒澤さんに取られてしまうと、次のシーズンに影響すると思ったわけです。

――なるほど！　だからこそ、復路も完膚《かんぷ》無きまでに叩こうという意図で、齋藤君を起用したわけですね。そうした意図を川上君に伝えましたか。

酒井　言いました。現に、直前のトライアルでも齋藤の方が勝っていたんです。

——じゃあ、部内では明らかな選択だったわけですね。

酒井　そうです。ただ川上は副将ですし、今まで主力でやっていて、往路であれだけ大量リードもあるから川上でいくという選択肢もあったわけです。でも、やっぱり前年に早稲田に21秒負けたからこそ、「一秒」にこだわったわけです。駅伝はトラックと違って、ラスト1キロを切って、最後に自分で稼ぐ1秒、2秒が、次の走者の走り方に影響する。5秒違ったら、もう走り方がまったく違いますから。

——追いかけるために突っ込んで入るか、それとも自分のペースでいけるか。

酒井　それが連鎖していくんです。ウチの選手が走っているのを見て、いいなと思ったのは、中盤は齋藤のように苦しそうな顔をして走る。でも、最後は笑顔でタスキをリレーしていたことです。ああ、いい表情してるなと思って。追っているときは、どうしても、目も曇りがちになりますし。

——九区を走った田中君は、厳しそうでしたね。

酒井　田中は全日本駅伝のときに不調で、その後に故障したのでつらかったと思います。ただ、私としては田中には区間5位か6位くらいでいいよ、と話しておいたんです。他の区間で稼ぐから、つなげばいいよって（笑）。正直、九区だけで駒澤さんに2分やられるだろうなと想像していて、それを考えたときに復路優勝を取るには十区が重要になるとわかっていたんです。実は、復路は車の中で駒澤さんのタイムをずっと計算していました（笑）。

——復路は差がついているので、とにかく計算するしかないんですよね。

酒井　六区の山下りでウチの市川《いちかわ》（孝徳《たかのり》）が勝った。七区は途中まで上野君と設楽悠太のタイムが同じでしたが、後半になって悠太がタイムを稼いでくれました。

——八区の一年生、大津《おおつ》君もいい走りでした。

酒井　大津の走りは、四区の田口と一緒で、駅伝特有の周りに走らせてもらった走りです。それは駅伝の面白さでもあるんですが、そのことは本人たちにも言いました。この走りをフロックじゃないようにしよう、と。これからの走りが大事ということです。

柏原竜二との付き合い

——柏原君については、監督は三年間指導されて、どういった思いで社会人に送り出したのでしょうか。

酒井　柏原は、箱根駅伝を通じてスターになった選手ですが、初めは「柏原というイメージ」とどう付き合うかが大変だったと思います。真面目で無骨。そうした作られたイメージがあって、それを乗り越えて自分の地を出しながら、本当の柏原というのを作っていった四年間だと思います。監督になって最初は、僕も、いつ彼が負けるか、ビクビクしていました。一年、二年とうまくいきすぎていて、負けてからが大変だろうと思っていたんです。そうしたこともあって、二年生になってからは出る試合も絞りました。あまり連発して、負け癖がついてしまうとダメなんで。

――そういう意味では大切に育てられたんですね。

酒井 四年間というスパンを考えたときに、浮き沈みはあるんです。東洋大の野球部にはロッテに進んだ藤岡《ふじおか》という投手がいたんですが、野球部の高橋《たかはし》監督に言われたのは、「絶対、四年間のうちに一回はスランプが来る。一年から活躍している選手は三年が危ない。一度、落ち気味になって、そこを無理して使うと四年のときにもっとダメになる」とアドバイスをいただいていたんです。なるほど、と思いました。学生は四年生でしっかり活躍できるように、三年のときにはうまく休ませながら育てた方がいい。現に柏原は三年時に不調となりました。

――柏原君も三年生のときに苦しみましたね。

酒井　指導者が焦ってしまうと本人も不安になるので、今はそれでいいよと話していました。どんな人だって、不調はありますから。選手とすれば、同じ練習してきたはずなのに、なんで体が動かないいんだろう？　と思うんですが、逆に走れないときにこそ、感じ取れるものもある。その不調を助走にして、必ず上がってくるから、上がり幅を増やすための時間にしようと考えていました。

――監督としても焦らず、じっくり構えていたわけですね。

酒井　駅伝のときまでおかしかったら、さすがに焦ったでしょうけど（笑）。

――三年の不調はトラックシーズンでした。どうして走れないいんだろう？　というのが外野の視線です。

酒井　原因はわかっていたんです。

――ケガですか？

酒井　ケガもあります。そして気持ちのバランス。一年生から常に注目され続けてきましたからメンタルも疲れてきました。そして、体とメンタルがバラバラというか、競技に集中できない状態だったと思います。ただ、責任感が強いので、インカレのときは部のためにも頑張ろうということで、気持ちを奮い立たせる。その分集中するので、反動も出てくるんです。

――四年というスパンで見たときに、三年で負けたというのは、結果的にプラスにできたわけでしょうか。

酒井　そう思います。柏原も試合に出られない選手の気持ちもわかったでしょうし、三年では出雲駅伝は使いませんでしたが、食い下がってきました。でも、練習してないから出さないよと。柏原が出ないことで他の選手も逆に頑張ろうと思うし、柏原頼りのチームからの脱却というのも、チームにとって絶対に必要なことだと思っていました。

――三年では箱根でも負けてしまって、今度はキャプテンになった。結果的にキャプテンになったのもプラスでしたか。

酒井　彼自身も箱根に負けて責任を感じていましたし、そこから何ができるかと考えたときに、闘将になれと伝えました。

――闘将ですか？

酒井　不器用なんで、本人は部員に気合いを入れるつもりで話すと、時として空回りすることがあったんです。そうじゃなく、闘志溢れる走りをしろと。それが彼の持ち味ですから、変に飾ろうとか、まとめようとかする必要はないからと。

――周りの四年生が充実していたのも、彼にはプラスになったでしょう。

酒井　柏原が主将になったことで、チームメイトがまた、うまくフォローしていくようになりました。四年生がそれぞれ、主将だけがチームをまとめるんじゃダメだろうと考えて。話すのは他の選手に任せたり、役割をうまく分担していました。

――練習方法はどうだったんですか？　年間を通じて山の対策をしていたとか、そうした工夫はあったんでしょうか。

酒井　たしかに山のアップダウンは練習していましたが、トラックも大切ですからね。むしろ、四年になってから走りの動きを変えたのが良かったと思います。

――メカニックの部分ですね。どういった改良があったんですか。

酒井　コア、体幹の部分を意識して走るようになりました。具体的には肩胛骨《けんこうこつ》を動かすことを重視するんですが、柏原は肩に問題があったんです。小学校のときに野球をやっていて、肩を壊しているんです。それで、右肩のある部分がすごく固い。以前、始球式に招待いただいて大暴投したんですが、力むと固まってダメなんです。それからは「もう絶対始球式は出ません」って言ってましたが（笑）、右肩が固くなると、走るフォームが傾いてしまう。

――ああ、なんとなく右肩が下がっているフォームは、肩の影響だったんですか。

酒井　そうなんです、出てしまうんです。そうすると、首が前に出て、バランスが崩れた走りになってしまう。四年生になってからフォームの改善に取り組んで、全日本のアンカーのときなんか背中を柔らかく使って、楽に走ることができました。

――徐々に、徐々に改造中ということなんですね。

酒井　まだまだ改善するところはあるし、「まだこんなにやることあるじゃん」と前向きに考えていると思います。

――柏原選手本人は、ハーフでスピードを磨いてからフルマラソンへ転向する、と考えているようですね。

酒井　マラソンが楽しみです。でも、マラソンのスタミナがどこまであるか。それが問題になってくるでしょうね。

スピードは二十五歳まで

――箱根の後、柏原君よりも先に田中君が初マラソンに挑戦して、設楽悠太君がニューヨークシティ・ハーフマラソンを走りました。東京マラソンにも選手が出ていましたね。

酒井　四年生の山本が走りました。

――東洋大がロードに積極的なことは、他の学校にも影響を与えていくと考えたわけですね。これが基準になっていけばいいなと思ったんですが、監督としてはどういう発想でしたか。

酒井　振り返ってみると、駒澤の藤田《ふじた》君や西田《にしだ》君といった選手が学生のうちからマラソンに挑戦しています。早稲田の佐藤敦之《さとうあつし》君もびわ湖マラソンを走っていますし、今回、青学の出岐君も走りましたけど、力があれば、オリンピックや世界選手権の選考レースは出ていいと思うんです。実際、トラックで各種記録会、日本選手権を見ても、学生が上位に来ていますから。

――素質のある選手が、高速化に乗って力を伸ばしてきた印象があります。

酒井　やっぱり実業団に対して挑んでいく姿勢。実際に短距離の方は、学生が代表になっていますし、卒業してから頑張ればいいじゃなくて、選手として旬な時期に世界に挑んでいく必要があると思います。正直、三十歳を手前にして代表に選ばれたとしても、遅い気がします。やっぱり二十歳過ぎ、学生のあたりがスピードは一番ありますから。

――学生時代からマラソンで優勝していた瀬古さんも、学生のときがスピードがあったとおっしゃっていました。

酒井　スピードは二十五歳までがピークだと思います。あとは経験を生かす走りが三十歳まで続く。三十歳を越えたら、さすがにトラックでは厳しいので、そのときにマラソンに軸足を移すにしても、トラックで養ったスピードがマラソンに活きますから。僕としては、トラックで能力のある選手は、ロードでどんどん世界に出ていってほしいと思うんです。

——フルマラソン、ハーフマラソン問わずにですか。

酒井　10キロまでいって潰れてしまっても、それはそれで収穫になります。そういう意味でニューヨークシティ・ハーフマラソンも設楽悠太、大津顕杜《けんと》が走りました。設楽には思い切って集団につけと指示しました。つけなかったですけどね、速すぎて。

——やっぱり速かったですか。

酒井　速いです。もう全然違う。セントラルパークのコースは一周が10キロあって、ビル群に囲まれているのに、アップダウンが豊富。その環境にも驚きましたが、設楽が最後ギリギリでかわした選手が、アメリカのマラソン選考レースで4位になったリッツハインという選手で、彼は結果的にロンドン・オリンピックの1万メートルの代表になったんですね。その彼が終わって設楽に、「お前強いよ」みたいなことを言ってきて、「お前のベスト

タイム は？」って聞かれたそうです。設楽は「僕、恥ずかしくて言いたくない」って答えたらしいですが（笑）。

――かわいいですね（笑）。

酒井　でも、彼なりに手応えをつかんだみたいです。先頭を走る四番手くらいの選手たちは集団から抜けていたんですけど、その次の集団にはラスト3キロまではつけていたんです。そこから、みんなドーンと行って、置いていかれましたけど。

――日本人が対応できないのは、ギアチェンジなんですよね。

酒井　そうです。トラックと一緒です。

――箱根が終わって一ヶ月後に別大マラソンに挑戦した田中君は練習が積めない状況で、いかがでした？

酒井　彼に関しては、練習をしっかりできた状態だったら箱根の九区で勝負にいこうと話していました。でも九区は、故障のせいで帳尻を合わせたような状態だったので、これは経験を積むためのマラソンにしようと。経験だからこそ、まとめるんじゃなくて、それなりに先頭集団に、10キロでも15キロでもいいからついて、そういう雰囲気に慣れることが目的になりました。そうすれば、しっかりトレーニングできたときには勝負できる準備になると思いましたから。

——田中君の挑戦が部内でも刺激になればいいですね。

酒井　ウチの部内では、東京マラソンを2時間16分で走る四年生のマネージャーがいます。箱根の選手選考には絡んできませんが、コツコツ練習している学生なんです。そういう選手が2時間16分で走るんで、刺激はありますよね。

——いろんな部員がいるんですね。当然のことですが、駅伝だけじゃない。

酒井　預かったからには、その選手に合わせた陸上スタイルの確立を助けたいですよね。ウチの大きな特徴として、三、四年でやめる部員はほとんどいないんです。もちろん、学業の面とか、いろいろな事情でやめる学生はいることはいますが、基本的には全員が寮に入ったままですし、全員にチャンスを与えます。

——自分の適性というか、そこで頑張っていくということですね。

酒井　そうです。「一人一役、どんな学生にも役割がある」ということだと思います。箱根で優勝するためには、マネージャーの力、組織の力、すべてが充実しないことには勝てません。箱根というのは、本当に大学と大学、チームとしての組織力の戦いです。もう、選手が走ればいいという時代の箱根じゃないですから。

――大学同士の総力戦になっていますね。

酒井　選手が走りに集中できるように、運営していくにはどうしたらいいのか。箱根の当日は補助員をどう配置するのか、情報機器をどう使っていくのかも問われます。情報については選手たちがこういう使い方があると提案してきますからね。

ポスト柏原の東洋大

――柏原世代は東洋大にとって屋台骨だったと思うんですが、彼らが抜けて、新チームを作るとなると、新たなプレッシャーや楽しみがあると思うんです。

酒井　設楽兄弟は本当によく走っていますね。特に悠太は海外でのレースを経験して、世界学生クロカンで銀メダル、ニューヨークシティ・ハーフでも1時間1分48秒を出しています。この記録はアメリカ国内での日本人最高記録らしいです。悠太と、あと大津顕杜も1時間3分台で走って、彼ら二人の走りが評価されて、上尾《あげお》ハーフの上位二人の日本人が、今後正式にニューヨークシティ・ハーフに招待されることになったんです。

――設楽啓太選手もいいタイムをマークしていますね。

酒井　啓太の方も1万メートルで27分台が出そうな手応えもつかんでいますから、兄弟で

27分台を目指してほしいです。でも、駅伝を考えると他の選手の踏ん張りが必要です。トラックシーズンのタイムを比較すると、駒澤さんにはかないません。

――柏原選手が卒業して、山登りの対策が必要になりますね。

酒井　取り組むべき課題ですね。たしかに柏原が入学してくる前までは、四区までは三、四番手にいながら、山で貯金を使い果たしてしまうという走りだったので、山対策をしっかりする必要はあります。これまでと同じ戦いではなく新しい「東洋のスタイル」を作っていかないといけません。

――山で計算しなくても勝てるスタイルを、酒井監督としては作りたいということですか。

酒井　山をつないでいくような、そういう意識でしょうか。やはり柏原世代が抜けて、あっという間に弱くなってしまってはいけないわけです。東洋大の伝統は、二〇一三年のレースをしっかり走れば、また将来につながっていくと思うんです。

――でも、それほど悲観する必要はないんじゃないですか。二〇一二年の復路は四年生が田中君の一人ですよ。そう考えると、アンカーに齋藤君を起用したことが大きい意味を持ってきますね。

酒井　今季は齋藤を主将にしました。彼を十区で使ったことが、主将につながってくるわけです。それと箱根では、先頭にチームを持ちあげられる選手が重要になってきます。設楽兄弟はその能力があると思いますが、柏原、鎧坂、村澤、大迫といった選手は劣勢な状況でも流れを作ってくれますからね。そういった選手はなかなかいません。

――去年の駅伝シーズンの間に、設楽兄弟はハッキリと成長しましたね。

酒井　東洋大は駅伝を通じて選手の強化をしますし、やっぱり学生は一年で成長します。本当に。出雲のときは、悠太は三大駅伝で初めての区間賞を取りました。啓太は夏に故障して、その影響で全日本がダメでしたが、箱根で逞しくなってくれた。

――東洋大で四年目を迎えられたわけですが、今の話を聞いても指導って面白いでしょうね。

酒井　やり甲斐はあります。学生というのは、一年一年すごく成長しますし、各大学の色はありますけど、年によってもカラーは全然違いますから。柏原のチームは、今となっては懐かしくもあります（笑）。

――モチベーションを継続していくのは難しいものですか。部として。

酒井　危機感は持っていると思います。指導者としては、いかにハートに火を点けるかが問題です。奢りがあっては絶対に勝てませんし、柏原の世代は早稲田に21秒差で負けた悔しさが大原動力になったわけです。メンバーがたくさん残って今年も勝てるだろうとか、設楽がいるから大丈夫だろうとか、そういう気持ちがあったら絶対勝てない。

――酒井監督が思う東洋大学のカラーというのは、どういうものですか。

酒井　悩まず前へ。攻める駅伝。攻める走りを目指そうとは言っています。東洋らしい走りと言われたら、一秒でも削っていく姿勢が大事だと思います。去年は攻めるということを、やたらと言いました。無謀な突っ込みじゃなくて、条件が悪いときでもしっかりと走り切れるタフな走りをしていこうと。記録会でも、攻めた結果、みんなのペースメーカーになってしまっても構わないですから。

――そういう走りが、東洋大のイメージにもつながっていくというか……。学内での存在感は高まっていますね。

酒井　大学のバックアップがあってこそいい環境でできるわけですからね。バックアップには心から感謝しています。二〇一三年春には新合宿所もできます。

――大八木監督も、渡辺監督も、勝ち出すと高校生が来てくれないと嘆いていらっしゃったんですが、同じようなことは感じますか。

酒井　東洋に行っても選手になれない、そういうイメージができちゃう（笑）。

——これは箱根の取材をしてきて、面白いなと思う部分なんです。

酒井　今ですと、明治さん、青学さんに行きたいという選手は多いですね。大学としてのブランド、しかも駅伝に勢いがありますから。

——今、明治と青学で選手になるのは大変だと思います。それくらい部内のレベルが上がっている。

酒井　ウチの方がよっぽどチャンスあると思います。チャンスは平等に与えます。

——東洋大としてのセールスポイントはどこにありますか。

酒井　実力は確実に伸びます。どの学年からも絶対に選手は作るという姿勢は崩しません。ただ、いろいろな情報を聞いて尻込みをする子は、ウチとしては追いかける必要はないと思うわけです。たとえば、東洋は朝練習が五時からで早いから大変だよ、と他の学校の方が高校生に話をしたりするわけです。

——仁義なき戦いですね（笑）。

酒井　それに寮からキャンパスまで、往復で三時間かかるから大変ですよ、とか。そこで嫌だなという選手は、たとえ入部してもつらいだけですから。

——その通学の片道一時間半で何ができるかっていうところですよね、本を読むなり。

酒井　本も読めるし、その一時間半のなかには、トレーニングメニューとしてのウォーキングも入っているんです。

――えっ？

酒井　白山《はくさん》にあるキャンパスには、部員は巣鴨《すがも》から歩いて来るんです。歩かずに地下鉄で来れば寮から一時間で来られます。だいたいの学生は、お金がないのもありますけど、巣鴨からここまで二十分ぐらい歩きます。五時からアップして、集団走が終わって朝練習が終わるのが六時半。一限目がある学生は、そこから七時半の電車に乗ります。

――その時間の東武東上線《とうぶとうじょうせん》は混みますね。

酒井　でも、社会人になったときにいい経験になると言っています。実業団に入ったら、朝練して、就業して、終わって午後からトレーニングになるわけです。学生時代から慣れていれば苦にならない。そのあたりは実業団の方が評価してくださいます。

――生活面と競技面が直結するのが長距離の特徴ですからね。

酒井　東洋大の特徴としては、本当に余分な時間がないことです。一、二年生のときは、すぐ寮に帰ってトレーニングとか、掃除もありますし、規律がしっかりしてきます。それに田舎にあるので、刺激がない（笑）。指導者にとってもいいです（笑）。

――大学と寮の往復になる。

酒井　大学で競技者として成長するには、そのほかにも性格も重要だと思います。

――実際に高校生と会って、そのときの印象というのは大切なんですか。

酒井　規律をしっかり守って、練習、勉強をしていくと、それが当たり前の感覚になる。それを淡々とこなしていくのは地味かもしれないけれど、それがウチの強さでもあると思います。朝も五時の練習のためには四時台に起床する。普通、嫌ですよね？　でも、それが当たり前になって、朝練習して学校へ行く生活に慣れていくんです。学生は、大学から帰って、また練習をするわけで、これを四年間続けられれば社会に出てからも大丈夫だと思います。

――一年生はその生活に慣れるまでが大変なんですね……。

酒井　体きついですよ。東北とか北信越の出身の学生は、夏のジメジメした気候が体にこたえます。それにほとんどの学生が満員電車に乗った経験がありませんからね。練習の設定タイムなんか、上げられないです。とりあえず、この生活のリズムをしっかりと確立してあげることが競技者としての第一歩になります。

学生気質に合わせた指導法

――それでも、ただガミガミ言っているだけじゃ選手は話を聞かないと思うんです。酒井監督のなかで、こういう具体的な方法を実践しているとか、そうした方策はあるんですか。

酒井　方法というよりも、傾向として「自己愛」が強い子が増えていると思います。だから、叱るというよりも、励ますことが多いです。

――自己愛が強いっていうのは、最近になってからの傾向なんでしょうか。

酒井　今の学生たちは、大事に育てられていると思いますから、自己肯定力はあります。要はそれをプラスに変えられるかどうかです。

――若い世代が怒られた経験がないというのは、これもまた本当なんでしょうか。

酒井　怒られ方の問題でしょう。みんなの前で罰ゲームのように怒ることも、あることはあるんです。誰が見てもこの学生が悪いんだというときは、人前でも怒りますが、基本的には個別に呼ぶ形を取ります。

――自負心、プライド。学生でも背負っているものは多いですからね。

酒井　あと、親御さんはどういう気持ちで君を送り出してくれているのか、と聞くときもあります。大学生活に慣れてくると、だんだんと両親のことは考えないようになってしまいますが、御両親は、自分の食事を摂っているときに、「今、息子は何食べているのかな」と思いを馳せたり、自分の服を買いたくても我慢して、その分息子に何か送ろうとか、仕送りをしてくれているんじゃないのか、と。じゃあ君にできることは何か？　って聞くと、「自分が陸上をできることに感謝して何か結果を残すことです」と選手は答えるんです。うちには親御さんの存在がモチベーションにつながっている選手が多いと、話していて感じます。みんな、素直なんです。

――一年生は親元を離れて、心細いでしょうから。

酒井　休みがあると、一、二年生は田舎に帰りますけど、三年生になると、もう寮の方が居心地が良くなってきます。

――でも、それが学生としての成長ですよね。

酒井　上級生には自分たちのチームという自覚が出てくるんで、そうした話は上級生には必要ないです。

――でも、上級生で実力的に箱根に出られないとわかった選手たちのモチベーションを上げるのは大変じゃないですか。

酒井　個人の目標、役割を自覚するのが大切ですね。走りで貢献する選手もいれば、声出しやチームのサポート役で貢献してくれる選手もいます。あと、上級生になると、ここまで競技を続けてくると、教えたいっていう気持ちも出てくる選手もいます。そういうこともあって、教職を志望する選手は、後押しをしますね。指導者が次の世代を作っていくんで。

——他の大学さんでは、練習時間を削られるから教職は勧めない方もいます。

酒井　僕は絶対取るべきだと思います。練習は工夫次第でできますから。

——大学の陸上は箱根ばかりが目立ってしまいますが、それぞれの部員が、それぞれの目標に向かって頑張っている。それもまた、大学陸上の魅力ですね。

第三章　気になる「MARCH」ブランド校は優勝できるのか？

「箱根地図」激変の予感

「いつか明治に抜かれる日が来るのかな、と考えたくないことを想像したことがあったんですが、現実に抜かれてみると、やっぱり悔しいですね」

これは箱根駅伝二〇一二を終えて、早稲田大の渡辺康幸監督が残した言葉である。早大はなんとか3位をキープしていたのだが、最終十区で決して万全の状態ではなかった明治大の主将、鎧坂哲哉が早大を逆転し、明治と早稲田の順位が入れ替わった。

この両校は一九二〇年、第一回の箱根駅伝に参加した古豪同士。近年ではリクルーティングでも狙った選手がかち合うこともあり、「いい意味でのライバル関係になりつつある」と渡辺監督が話していたのだが、明大にとって「早大超え」を達成できたことは大きな進歩といえる。

近年の箱根駅伝のトレンドとして、一般受験生に人気の高い明治大学、そして出雲駅伝で優勝した青山学院大の戦力が整い、上位に入ってきて箱根に活気をもたらしている。これまで青学大は大学スポーツとはあまり縁がなかったが、東京近郊の卒業生が応援のためにこぞって沿道に繰り出すようになってきた。

明大と青学大の躍進については、拙著『箱根駅伝』でも指摘したが、両校が力をつけるに従い、大学のブランドイメージとも相まって有望な高校生が続々と明大と青学大に進学するようになった。

本当は乗り遅れた明治

「二〇〇〇年」は、各大学にとって未来像を考える年となった。団塊ジュニアは大学を卒業し、いよいよ少子化の時代が目前に迫る。ミレニアムを迎えることもあり、大学は経営計画を練り直す時期だった。

関東にある大学のなかには、「箱根駅伝」に本腰を入れようと考える学校が複数あった。そのひとつが明大である。

明大は箱根駅伝の第一回大会から参加している学校だが、一九九一年の大会を最後に箱根の本戦に出場できない状態が続いていた。日本テレビ系列での全国放送が始まったのが一九八七年。それをきっかけに駅伝の強化に乗り出した大学があったのだが、明大はその「日本テレビ・ファクター」の波に乗り遅れてしまった。当時は、ラグビー部、野球部が花形の時代である。

明大と入れ替わるようにして箱根の本戦に戻ってきたのが神奈川大学だ。一九七四年を最後に箱根から遠ざかっていたが、一九九二年から二〇一〇年を除き、連続出場が続く。復帰後の六年目、一九九七年には総合優勝も手にした。学校、指導者、選手がそろえば数年間で優勝に手が届くのだ。この流れに続いたのが駒大で、大八木監督を迎えて二〇〇〇年に初優勝を遂げている。

続々と力をつける学校が増えてきたなかで、明大もついに強化に乗り出す。日大出身の西弘美《にしひろみ》氏を指導者として招いたのは二〇〇一年のこと。当初は練習が始まったのに、「バイトに行ってきます」とグラウンドから去っていく部員がいたというが、指導を始めてから四年目のシーズンとなる二〇〇五年の大会で久しぶりの本戦出場を果たした。しかしここから上位にたどり着くまでの道のりは厳しい。18位、18位、16位という成績が続き、二〇〇八年の大会では予選落ちしてしまう。

しかし、箱根に登場することが高校生を勧誘するにあたっての最大の「セールスポイント」になる。二〇〇八年には世羅高《せらこう》（広島）から鎧坂哲哉が入学してくるなど、高校の一線級のランナーが「これから強くなりそう」という予感を持って明大に入るようになり、戦力が充実してくる。

鎧坂が一年で一区を走った二〇〇九年の大会で久しぶりにシード権を獲得すると、二〇一一年に5位、二〇一二年に3位まで一気に駆け上がる。

一九九〇年代であれば部の強化に乗り出してから本戦出場まで三年程度、六、七年の時間を投下すれば上位、うまく強化が進めば優勝するチャンスもあったのだが、二〇〇〇年代の箱根駅伝は競争が激化したこともあって、本戦に出るまで四、五年の時間が必要で、シード校に到達するまで十年弱、優勝を狙うチームを作るには十年以上の年月を必要とするようになった。

一方、ここ数年で急成長を遂げている青学大は、二〇〇四年に原晋《はらすすむ》監督が就任して五シーズン目となる二〇〇九年の大会に予選会を突破して出場。その勢いのまま翌年の二〇一〇年の大会では8位に入ってシード権を獲得し、二〇一一年は9位、二〇一二年には5位まで順位を上げてきた。明大と比較して、シード権確保から上位を狙える位置への時間が短い。ここから3位を突破できるかがここ数年間の青学大の「宿題」となる。

一気に優勝を狙うチーム作りが大事

明大と青学大の浮上の特徴はシード校に入る、つまり10位以内に入ってから上位校に進出するまでの時間が短かったことである。

以前、駒大の大八木監督に取材をしたときに「箱根で優勝を狙うチームに育てるには、ジワジワと上がっていくのは難しい。一気に優勝を狙うようなチーム作りをしないと上位定着も大変ですよ」と話していたことが印象に残っている。

たしかに駒大の場合、一九九六年は12位とくすぶっていたのが翌年には6位、一九九八年、一九九九年と2位が続き、二〇〇〇年のミレニアム箱根駅伝で初優勝を果たした。シード権確保から頂点まで一気に駆け上がったのだ。

近年では、東洋大が柏原入学以後に一気にブレイクしたが、明大と青学大もこのままの流れを維持できれば強豪校の仲間入りを果たしそうだ。

なぜなら、二〇一二年四月に入学した一年生の「5000メートルランキング」を見ると（陸上競技マガジン6月号増刊『大学駅伝2012夏号』作成）、持ちタイムのトップ100から、明大と青学大に八人ずつが入学し、中大と並んで人材獲得の面で首位に立っている。ここ数年、この両校はランキング上位の選手が入学してくるのが特徴なのだ。

実際に、どんな選手が入学しているのか見てみよう。

・明大

5位　横手《よこて》健《けん》（栃木／作新学院《さくしんがくいん》）　13分58秒86
18位　小川誉高《おがわよしたか》（兵庫／須磨学園《すまがくえん》）　14分12秒17
22位　牟田祐樹《むたゆうき》（埼玉／西武文理《せいぶぶんり》）　14分14秒00
28位　江頭祐輔《えがしらゆうすけ》（佐賀／白石《しろいし》）　14分16秒58
48位　木村慎《きむらしん》（静岡／浜松日体《はままつにったい》）　14分21秒18
62位　渡辺諒《わたなべりょう》（埼玉／埼玉栄《さいたまさかえ》）　14分24秒45
67位　山田稜《やまだりょう》（福岡／九州《きゅうしゅう》 国際《こくさい》大附属）　14分25秒31
91位　太田翔《おおたしょう》（京都／洛南《らくなん》）　14分31秒30

・青学大

6位　久保田和真《くぼたかずま》（熊本／九州 学院《きゅうしゅうがくいん》）　13分59秒16
9位　小椋裕介《おぐらゆうすけ》（北海道／札幌山《さっぽろやま》の手《て》）　14分03秒96
21位　神野大地《かみのだいち》（愛知／中京 大中 京《ちゅうきょうだいちゅうきょう》）　14分13秒88
24位　松島良太《まつしまりょうた》（千葉／柏日体《かしわにったい》）　14分15秒13

41位　橋本峻《はしもとりょう》　（大分／大分西《おおいたにし》）　14分20秒75
49位　渡邉《わたなべ》利典《としのり》　（宮城／東北《とうほく》）　14分21秒57
59位　伊藤《いとう》弘毅《こうき》　（宮城／仙台育英《せんだいいくえい》）　14分23秒49
74位　安部《あべ》晃也《こうや》　（静岡／浜松日体）　14分27秒95

両校とも新入生の「層」の厚さもさることながら、トップ10に青学大が二人、明大が一人入っている。枠を広げて、トップ30までを見てみると、トップ10の選手を含めて四人ずつ入っているのが頼もしい。一般的に考えれば、トップ30の選手たちは四年間のうちにエース区間を任される確率は高いわけで、明大、青学大ともに「大駒」に成長する人材をとりあえずは確保したというわけだ。

特に明大は、二〇一二年七月に行なわれた世界ジュニア選手権の1万メートルで7位に入賞した横手健が一年生からエース区間を走りそうな勢いだ。また、青学大の久保田和真は出雲駅伝で優勝の立役者となり、駅伝で力を発揮するタイプに見える。順調に練習を積み重ねた場合、原晋監督が箱根のどの区間で起用するかが注目される。

二〇一二年度のリクルーティングのランキングをつけるならば、明大と青学大が五分ということになるが、トップ100に入っている学生がどの大学に進んだかを寸評とともにまとめておこう。

・中央大　八人

トップは27位の小谷政宏《こたにまさひろ》（大分・日本文理《にほんぶんり》）で、エース級の入学はないものの、ランキング中位の選手を分厚く補強。上級生になったときにしっかりと走れる選手が増えそう。

・山梨学院大　七人

ランキング2位のケニアからの留学生、オムワンバを筆頭に、トップ100に七人を揃える。ただし、90位台に三人がいるため、中大と同様、育成までには時間がかかる見込み。

・日本大　七人

山梨学院大同様にケニアの留学生、キトニーを補強。ただし、次のランクの選手が72位まで飛んでしまう。ここしばらく続いている「留学生の前後をどう走るか？」という課題はまだ解消されそうにない。

・駒澤大　六人

ランキング3位の其田健也《そのたけんや》（青森／青森山田《あおもりやまだ》）、12位の小山裕太《こやまゆうた》（愛知／豊川工《とよかわこう》）の二人が下級生から活躍を見せそうだ。一学年上の選手たちが充実しているだけに、ランキング中位以降の選手たちが、どれだけ育ってくるかが注目される。

トップ100の選手を五人確保した学校となると、かなりの数にのぼる。

東洋大
法政大
日本体育大《にほんたいいくだい》
早稲田大
神奈川大

東洋大はランキング4位の服部勇馬《はっとりゆうま》（宮城／仙台育英）をはじめ、トップ50に四人の粒揃い。このなかでは神奈川大が、走力のある選手を補強した印象があり、シード権獲得に向けて明るい材料となるだろう。

早大は代々、エリート選手が入学して往路で大活躍し、復路で叩き上げの選手がつなぐというのが強いときのパターンだが、エリートの人材獲得で他校となかなか張りあえない。条件面での問題もあるだろうが、トップは17位の三浦《みうら》雅裕《まさひろ》（兵庫・西脇工《にしわきこう》）。学生の成長なくして、箱根で3位以内を死守するのはかなり難しくなってくるだろう。

中央大を侮るな！

箱根での成績、そして新入生の入学動向を見るにつけ、ますます明治大と青学大が力を伸ばしていくのは想像に難くない。その一方で、両校が元気になった影で、割を食っている大学があるということだ。

明治と青学が右肩上がりになるのと反比例して、下がっていく大学があるのだ。それが箱根駅伝の構造だ。

私が見るところ、明大と青学大の台頭で、最初に直接的な影響が出たのは「ＭＡＲＣＨ」のなかで競合している中央大と法政大である。二〇〇一年からの明治大、青学大、中央大、法政大の成績を振り返ってみよう。参考までに早大も入れておく。

まず、二〇〇一年から二〇〇五年までの流れを抑えてみる。

この時期は、中央大の安定した成績が光る。中央大は一九八五年という、日本テレビで全国中継が始まる前からシード権を連続して獲得している名門校だが、二〇〇〇年代に入ってからは、シード権を確実にキープしながらも、流れによっては上位をうかがうという手堅いレースを見せてきた。この時期の成績を早大と比べても、二〇〇二年をのぞいて先着しているほどだ。

以前も指摘したが、中央大は「テレビ中継に絡まない大学」なのだ。つまり、優勝争いに加わるほどではないが、シード争いまで転落するほど弱くもない。つまり5位前後でレースが推移する大学で、ユニークなポジションを獲得している。

しかし、二〇〇九年に明治大がシード権を獲得した時期から風向きが変わってくる。すでに数年前から人材獲得競争で「中・明・青」がしのぎを削り始めていた。ちなみに、青学大の出岐雄大は数学の教員志望だったこともあって、中央大と青学大の両校を真剣に比較検討していたという。徐々に明大、青学大に選手が流れるようになって、中央大は箱根駅伝二〇一〇では流れをつかんで4位に入ったものの、二〇一一では6位と明治大に先着

【MARCHの順位変動】

	2001	2002	2003	2004	2005	2006	2007	2008	2009	2010	2011	2012
明治					18位	18位	16位		8位	10位	5位	3位
青山学院									22位	8位	9位	5位
立教	*1968年が最後の出場											
中央	3位	4位	5位	7位	4位	8位	8位	7位	10位	4位	6位	8位
法政	4位	途中棄権	16位	4位	8位	7位	15位	16位		19位		

*参考

早稲田	10位	3位	15位	16位	11位	13位	6位	2位	2位	7位	1位	4位

を許し、二〇一二ではついに両校の後塵を拝することになった。

こうなってくると、ますます厳しくなるのが二〇〇四年に入学してきた上野《うえの》裕一郎《ゆういちろう》（ヱスビー食品）クラスのビッグネームの獲得だ。チームに勢いがないことには、トップ10に位置するような大物のリクルーティングは難しくなる。

ただ面白いのは、二〇一二年入学のリクルーティングを見て、私は中央大はしぶといと思った。各学年のエースクラスは駒澤大、東洋大、明治大、青学大に流れるなかで、トップ100の選手のうち、八人も獲得できたのは部だけでなく、OB会や大学のバックアップがなければできない芸当だ。このあたりに、「名門・中大」の意地を感じる。

シード権確保は、アクシデントがない限り続くはずだ。

その思いを強くしたのは、二〇一二年の大会を見たせいもある。中央大のアンカー塩谷《しおや》潤一《じゅんいち》は上半身を激しく揺らしながらゴールにたどりついた。大手町の記者室でも、陸上の取材経験のない人が（社会部の記者も来ていたりする）、「この選手、脱水症状なんじゃないですか？」と心配していたほどだったが、陸上担当の記者たちは別に驚きはしない。

「いつもああなんです」

と中央大の浦田《うらた》監督が話しているのを耳にしたことがあるからだ。

塩谷の走りは、今の中央大の「象徴」に見えて仕方がない。彼は理工学部の学生で、日野市にある合宿所から都内の文京区にあるキャンパスまで長時間の通学に耐えて練習をこなしている。とことん前を向く貪欲な走りは、名門校の意地が凝縮されているように思える。こうした選手がいるのは、学生スポーツにおいてはとても大事なことだ。

どうした法政？ 不振の原因

ＭＡＲＣＨのなかで、立教は大学として強化に本腰を入れていないから例外として、法政大はかなり厳しい立場に立たされている。二〇一一年には西池和人《にしいけかずと》、二〇一二年には樋《ひ》上滝太朗と須磨学園のエースが入学しており（須磨学園から法政大へのつながりがあると見てよい）、起爆剤になってもおかしくない。

歴史を振り返ってみると、法政大も二〇〇〇年代には二〇〇一年と二〇〇四年に4位に入るなど、必ずといっていいほど見せ場を作っていた。徳本一善《とくもとかずよし》（日清食品↓モンテローザ・駿河台大監督）など、目立つランナーもいて、気になる大学のひとつだった。ただし、成績の浮き沈みが激しいという難点も見受けられた。

二〇〇七年に15位に転落すると、二〇〇八年は16位に。そして二〇〇九年は参加校が二十二校に拡大されたにもかかわらず、予選落ちしてしまう。ちなみにこの大会は青学大が久しぶりに本戦に出場した年である。二〇一〇年の大会には予選会を最下位で突破するものの本戦では19位、二〇一一、二〇一二年と予選会で敗れ去っている。

問題はどこにあるのか。気になるのが、大学に入ってから5000メートルのベストタイムを更新している選手の割合が少ないことだ。

前出の『大学駅伝2012夏号』の選手名鑑によると、大学入学後に5000メートルの自己ベストを更新した選手は次のようになる。

四年生　十一名中三名

三年生　十二名中八名
二年生　十六名中五名

もちろん、練習が長い距離に向けたものが中心、ということも考えられるが、他大学に比べると成長度合いが少ない。たとえば、上武大の選手は、全員が大学入学後に5000メートルの自己ベストを更新している。苦戦の原因はこのあたりにもありそうだ。

ただし、二〇一二年四月から、法政大OBでコニカミノルタで活躍、二〇〇三年のパリ世界選手権の日本代表だった坪田《つぼた》智夫《ともお》氏が長距離部門のコーチに就任したことから、ここ数年のうちに成績が上向くと予想される。今までがひどすぎたのだ。素材はいいのだからシード権争いだって不可能ではない。卒業生は期待していいと思う。

明確になった箱根駅伝の新秩序

勢いのある大学はメディアに取り上げられることも増えてくるから、高校生から見ても目立つし、元気があるように見える。だからこそ、勢いのある大学に進みたい、そう考えるのが自然だ。今現在、明治大や青学大に進んだ人材は、十年前だったら中央大、法政大に進んでいた可能性が高かったと思う。しかし、時代の流れは止まらない。

大学進学にあたっては様々な要素が絡み合って決まる。

・選手本人の希望
・家族の意向
・高校の監督と大学の指導者のつながり
・学費の扱い（学費の全額、半額の免除や奨学金の有無など）
・寮費などの生活面の補助

高校時代の持ちタイムがよければ、選手の方が「売り手」となり、それだけ選択肢が広がる。

一方、買い手の視点に立ってみると、選手編成を考えると一学年八人から十人は欲しい。それくらいの競争がなければ、部内のレベルがアップしていかないからだ。面白いのは各大学ともリクルーティングはどうしてもヒートアップするので、前章で東洋大の酒井監督が言うように、他大学の指導陣も「早起きは大変ですよ」とか、アメリカ大統領選挙ばりのネガティブ・キャンペーンを張ったりして勧誘する。

法政大にとっては、大学入学後の選手のタイムが伸び悩んでいるのは、他大学に対して「隙」を見せていることになる。「タイムが伸びてませんし、予選落ちが続いていますから」という言葉は、高校生にとっては気になるはずだ。だからこそ二〇一二年から二〇一三年までの結果が大切になる。

こうして「MARCH」の箱根での変遷を見てくると、新世紀をきっかけとした「箱根強化競争」は二〇〇九年の大会で新秩序が形成されたと見てよい。

この年、予選会では明大が9位で通過、青学大は13位ギリギリで久しぶりの本戦出場を決めた。法大は選手が走った合計タイムでは13位だったものの、関東インカレの得点による「インカレポイント」のために箱根出場を逃してしまう。本戦では明大が大健闘して8位に入ってシード権を獲得、中大が10位となって明治と中央の立場が逆転する。

そして翌年は青山学院大が一気にシード権を獲得するなど、二〇〇〇年代の前半から中盤にかけて強化に乗り出した学校が結果を残し始め、追撃される学校が苦戦を強いられ始めた。

新秩序が確立したのだ。

法政大だけではない。この時期から、大東文化大《だいとうぶんかだい》、国士舘大《こくしかんだい》などは予選突破が目標となっていく。そこに二〇〇〇年代後半になってから強化に取り組み始めた國學院大も加わって、さらに競争は激しさを増した。

ただし、指摘しておかなければいけないのは、法政大に限らず苦戦を強いられている学校は、陸上部だけの問題ではないということだ。高校生の進学決定にあたっては様々な要素が絡むと指摘したが、現代の箱根駅伝の競争は陸上部の競争ではなく、大学側がどれだけ経済的に支援するかが大きなウェイトを占めている。法政大はその競争で遅れを取ってしまっているし、練習環境や都心からの距離なども進学決定に当たっては検討される。思った以上に物事は絡み合っている。

明治、青学が早稲田を凌駕する!?

そして、新秩序は早くも箱根駅伝二〇一二で新たなステージに突入しているように見える。明大、青学大の両校は大学のブランド力も手伝って上位校への道を進んできたが、ここに来て競合する学校が中央大や法政大ではなくなってきた。

早稲田だ。

早大は箱根駅伝二〇一一で優勝し、歯車さえ噛み合えば優勝できる土壌があることを証明した。早稲田の勝ちパターンというのは、やはり華やかな選手が大学一年生から活躍して、復路では大学に入ってからたたき上げで鍛えられた選手がつなぐというものだ。

二〇一一年の大会は、一区で一年生の大迫傑が飛び出してリズムを作り、当時三年生の矢澤曜《やざわよう》（日清食品グループ）、八木勇樹《やぎゆうき》（旭化成）などのスター選手が実力に見合った走りをする。一方で、猪俣英希《いのまたひでき》のような高校時代はまったくの無名選手が活躍するなど、絶妙のバランスを見せた。

鍵となったのは、大迫だった。一年生ながら他校が大迫のスピードを極端に警戒していたことで、大迫は一気に逃げることが可能になった。

早大出身のランナーといえば、瀬古利彦、金井豊《かないゆたか》、花田勝彦《はなだかつひこ》、渡辺康幸、竹澤健介といった日本を代表する花形ランナーが並ぶ。つまりは、高校時代からその学年で圧倒的な強さを発揮し、世界選手権、オリンピックで走るような人材を獲得してこそ、早大の存在意義がある。

「箱根の優勝も大切ですが、早稲田としてはオリンピック選手を育てていくことが大事だと思っています。そこにこだわっていきたい」

と、渡辺康幸監督は事あるごとに話している。

リクルーティングでも、早大が学年でトップの選手を狙うのは間違いない。しかし、早大が狙っている選手を明大と青学大も狙うケースが増えているようなのだ。

大学当局が求める推薦基準が厳しく、早大競走部としては思ったような補強ができないとも聞く。もしくは、早熟の選手を取らざるを得ない事情もある。

二〇一一年、二〇一二年入学の選手を見ると、明大、青学大が早大を大きく上回っている。箱根駅伝二〇一三では、まだ早大の選手層の厚さがモノをいうだろうが、二〇一四年以降は明大、青学大が有力となりそうな気配が漂っている。今や明大、青学大は名門・早大を脅かす存在となったのである。

しかし、両校が頂点を極められるかどうか、それはまた別の話――。

第四章　「箱根駅伝はもっと開放した方がいい」

――青山学院大学・原晋監督

箱根を外側から見続けてきた監督

とても、気さくな方である。

大学長距離界の指導に当たっている方たちに話を聞くと、本当に楽しい。そのなかでも原監督には独特の「色彩」がある。

出身は広島県。故郷の言葉が今も残り、それがとても温かく感じられるし、話しっぷりも気持ちがいい。シンプルな言葉を使えば、明るい。その明るさが青山学院大学陸上部のカラーになっている。選手、マネージャーの学生諸君も気さくで、「社会度」が高い印象を受ける。箱根駅伝での成績も上昇基調だから、各メディアが青学大に足を運びたくなる理由もよくわかる。

そして原監督の特徴として忘れてならないのは、広島の世羅高、中京《ちゅうきょう》大学の出身で、大学時代に箱根駅伝の経験がないことである。原監督は一九六七年の早生まれで、大学入学時にはまだ箱根駅伝の全国中継は行なわれていなかった。もし、中継が始まっていたら、ひょっとして関東の大学に進んでいた可能性もあるが、勢いに乗る青学大が学生時代に箱根を知らない監督に率いられているのはとても興味深いことだ。

なぜなら、私が見るところ、原監督は中京大から生まれ故郷の中国電力に進み、箱根がビッグイベントになっていく過程を外から観察していたのが、「武器」になっていると思うからだ。

箱根の常識を、まったく別の視点から捉えている原監督の視点を引き出せたらいいなと思いながら、青山学院大の相模原キャンパスにあるグラウンドを訪ねた。

箱根出場のために必要な三つの力

――二〇一二年の箱根では5位。出雲、全日本、箱根と学生三大駅伝にすべて出場したシーズンでもありました。「青学の勢いはどこまで続くのか」と注目を集めています。

原　陸上というのは、もっと長い目で見なければいけないというのを痛感したなあ。実は二〇一二年に入って全日本大学駅伝の予選で惨敗した。大惨敗。チームとして箱根で5位に入って、やっぱり慢心があったんです。そろそろ、もう一度気を引き締めてやらないけんなあというときに予選落ちを経験したわけです。

――でも、二〇〇九年に久しぶりに箱根に登場してからわずか四年で、22位、8位、9位と来て5位。ここまで一気に駆け上がったチームは稀ですよ。

原　大学内で二〇〇四年四月から強化部の指定になり、そこから勢いだけで、私も選手も本当にガムシャラにやってきたんですよ。その方法が正しかったかどうかは検証の余地があると思いますが、とにかく箱根駅伝に出るという一心で、私も選手と一緒になってやってきたわけです。

――その思いが箱根につながったわけですよね。ある意味、情熱というか、そうした「熱量」がないと箱根には届かないんですよね。

原　ここまでを振り返ってみると、「気持ち」の部分が最大の武器だったね。最初は22位、それから順位を上げて三年連続でシード権を取りましたが、果たして本当の力、いわゆる実力を身につけていたかというと、そうじゃなかったんじゃないか……。

――そんな疑問が湧いていているんですか。

原　5位まで来たけれども、実は本当の実力ではなかったんじゃないか、ということをひしひしと感じているんです。

――じゃあ、見方を変えます。大学の陸上長距離界において、「本当の実力」って何を意味するんでしょう。

原　結局、陸上競技の力というものは、まずは選手の身体能力がひとつ。これは大前提ですよね。それに駅伝となると、チーム一丸となった、「心の一枚岩」が求められる。そして最後に、陸上競技以前に、寮生活を通じて「私生活をきっちりする」という三つの力が、その力が相まって実力が形作られていくと思うんです。

――三つのうち、二つは気持ちの部分や精神的なものが重視されていますね。ある意味、日常をどんな気持ちで、どんな生活を送るかで成績が変わってくるということですか。

原　このバランスが大切。青学の場合、本当の力がないくせに、「箱根に向けて頑張ろう！」という寮生活の面がきっちりできていたからここまで仕上げることができたわけです。もちろん、みんなで箱根駅伝に出るという目標、それをクリアしたらシード権を取るというわかりやすい目標があったから、チームが一枚岩になった。その二つの力が非常に強かったからこそ、ここまで上がることができたんです。

――逆に考えると、二つの力さえあれば箱根ではこのレベルまでは来られるということですか。

原　そうです。おっしゃる通りです。私はずっと同じことを言っているんですが、ウチがすごいんじゃない。周りがベーシックな部分を怠っているんじゃないですか、と。青学としては当たり前のことをやっているだけなんです。私からすれば、ここまでならば最低限のことをこなしていれば上がってこられます。もちろん、5位からもっと上に入ろうと思ったら、また違った考え、ノウハウが必要になると思いますが。

――生活面のことをうかがっていきます。どの大学も朝練習を行なうわけですが、青学の場合は何時起床ですか。

原　五時起床で、準備をして五時半から走っています。

――最初は生活習慣もできていないから、一年生はつらいんじゃないですか。

原　人間、習慣ですよ。チームとして、そのリズムに慣れています。最初、就任した頃は選手からぶつくさ文句も出ました。そうしたレベルの不平なんかも全部整理してきて、今の青学があるわけです。

――合宿所内の雰囲気も、他の大学とは違った印象があります。選手に個性があるというか、社交性が高い。これは原監督のキャラクターの反映かと思うんですが（笑）。

原　明るいでしょ、僕に似て（笑）。でも、箱根が終わってから部全体が「箱根病」にかかってしまって、度が過ぎると、チャラくなる。青学は大学自体のイメージとしても爽やかで明るいんだけども、行き過ぎるとチャラい。そこのギリギリのラインをどう保つかですよ。

――そのポジティブな面が青学をここまで引き上げてきたのもまた、確かなわけだと思いますよ。

原　でも、本当の意味での身体能力については、実はまやかしだったんだなあと、全日本予選の惨敗を目の当たりにして痛感したわけです。

箱根の5位はイリュージョン？

――そうすると、ここから上を目指していくためには、方法論を変えなければいけないということですか。身体能力を高めていかなくてはならない。

原　二〇一二年に5位に入った。じゃあ、これから上を目指す段階となると青学として「過渡期」に入ったことは間違いないと思います。第一の過渡期は出場できるか微妙な段階。二〇〇七年や二〇〇八年のあたりですね。そこをクリアして、次はシード権を取るための過渡期というものもあった。

――ただ、青学さんは比較的、そこまでの過渡期を短期間に、サアッと駆け抜けていった印象があります。

原　そう見えるだけですよ（笑）。強化の仕方によっては、シード権のあたりをウロウロする停滞期を迎えていてもおかしくなかったわけですから。ちょうど今は第三の過渡期で、ここで上に行けるか、それともこのあたりで停滞してしまうのか。その意味では、ここ数年が大切になってくるでしょう。

――この過渡期を打破するのに大切なのは、何ですか。

原　チームの一体感と、生活の部分はいいレベルまで来ていると思います。自分たちとしては、練習もそれなりにしてきましたが、三年連続シード取って、「ウチは強い」というまやかしにかかっていたと思うんですね。

――実際、強いと思うんですが……。

原　本当に強いのは出岐だけだった。そう気づいた。その出岐が、全日本の予選で故障してしまったときに、彼に代わる選手がいたかというと、誰もいなかった。私の立場から言えば、出岐以外に強い選手を育てていなかったわけです。ただ、こういう見方もできる。選手側からすると、「出岐がいなくても、自分たちがやってやろう」という意識で練習に取り組むことをしてこなかったということです。

――なかなか厳しい見立てですね。

原　だって、気がついたら中の中か、中の下の選手しかいない（笑）。参りましたよ。出岐を脅かすような選手が残念ながら、育てられていなかった。いろいろ考えるところがありますよ。

――変な言葉かもしれませんが、「青学イリュージョン」だった。そんな感じでしょうか。

原　そうです、その通りです。まやかしの強さ、誤魔化してきた強さ。生活面と一体感の部分で培ったものに過ぎないのに、いつの間にかその二つの力が強いというイリュージョンを生み出していた感じです。そこで天狗になったり、慢心があったりして、二つの力までもがおろそかになってしまったのが全日本予選の結果を生んでしまったと思います。

――選手はそんなに勘違いしてしまうものなんですか。

原　チヤホヤされたりするんです。私から見たら、「箱根病」だね（笑）。箱根病にかかって、生活面と一体感が知らないうちに低下していった。

――箱根病って、やっぱりあるんですね。

原　ありますね。これはありがたい話と表裏の関係にあります。大学の関係者の方、校友会の方、あるいは様々な支援者の方々が「おめでとう！」って言ってくれるんです。群がってきます。チヤホヤしてくれるんです。ありがたいことなんです。でも、そこで勘違いしなければいいんですが、そこが難しいところです。学生も一緒でしょう。学校のクラスメート、田舎の友だちも含めて、いろいろな人がおめでとうと言ってくれる。そのうち、「自分たちは強いんだ」と勘違いしてしまうようになる。

――学生スポーツは、そうした気持ちの面が結果に直結してしまいますね。ただ、出岐君だけでなく、選手たちも実力を備えてきていると思っていたんです。

原　身体能力が素晴らしいのは、二〇一二年に入学してきた一年生。上級生は、そこまでの素質は備えていないのが正直なところです。実際、箱根駅伝に出場している各大学の選手たちの、大学入学時の学校の5000メートル上位五人の平均タイムを学年ごとに比較すると、一年生はトップです。だから、彼らには素質はある。二〜四年生については8、9番程度。それで勘違いしちゃいけない。卒業していった学生を見ると、四人しかいない学年もあるし、その前は平均タイムで二十何番だとか、もうひどい。青山学院は本当に魔法をかけてここまで上がってきたんです（笑）。

――「原マジック」と呼んでもいいですか。

原　まやかし、ね（笑）。

――これから青学に求められるのは、競技性の向上と明るさ、チャラくない明るさの両立だと思うんです。箱根駅伝というのは不思議なもので、大学のカラーが駅伝に反映される部分が他のスポーツよりも強いですから。

原　それはおっしゃる通りです。大学の校風というものは、陸上部の雰囲気にも反映されるんですよ。当然、選手たちは学生であって、教室で一般の学生と付き合う部分があって、そうした部分にも影響されていきますから。

過渡期をどう乗り切るか

――好調に見えるチームでも、それぞれに葛藤がある。これまでにもいろいろな山と谷があったと思うんですが、今回の過渡期をどうやって乗り切っていくんでしょうか。

原　全日本の予選で負けてからも、ずっとミーティングをやっているんですけど、私が言ったのは、「5位に入った今年の一月三日が終わって、それから開かれた慰労会がまだ続いているんじゃないか」と。その日から時間が止まっているという話をしました。

――半年もの間、箱根の余韻が残っていたんですね。でも、いつまでも浸ってはいられない。

原　今回、全日本の予選で大惨敗したことで、ようやく目が覚めた感じです。練習を見ても、ようやく輝きが出てきましたから。

――監督としては、もともと全日本の予選は危ないという予感はあったんですか。

原　うまくいけばギリギリ5番で通るかもしれないけれど、普通に戦ったら、たぶんよくて6位、普通にやれば7、8番と思ってました。だってエース出岐をはじめ、主力の多くが春先からずっと故障していましたから。主力以外の選手で戦わなければいけない状況では、そりゃ厳しいですよ。ただ、これまでとは違って、「過渡期だよな」と思うのは、学内で選考レースをきちっとやらなければいけない環境になったということです。今までだったら、選手もあまりいないから「お前、あんまり調子よくないけど走れるだろう」という感じで使っていたわけ（笑）。でも、これだけ選手が増えて、しかも身体能力が高い選手が増えてくると、学内選考会をおろそかにしてはいけなくなる。チーム内での理屈が立たなくなるし、一枚岩とはいかなくなってしまう。

――黎明期って、「なんとなく」が許されたわけですね。それがきっちりしなくてはいけなくなる。

原　曖昧な基準がなくなっていく。

――それもさびしい気もしますが……。

原　選手選考にしても、今が過渡期だと思います。最初の「発展途上期」はどの大学でもそうだと思うんですが、本当に選手がいない。だからお前に託す、もうそんな感じなんですね。そうなると、どうしても能力の高い子に託すしかないわけで、あまり練習ができていないとしても、試合当日に走ってくれればいいという感じだった。過渡期を迎えて、新しい基準を設ける必要は感じています。

四区が大事

――レースの方ではいかがでしょう。箱根での区間配置に関しても、チームのステージというか、段階ごとに発想は変わってきますか。

原　段階ごとに、変わってくる部分はある、ということじゃないですか。でも大切な区間というのは、変わりはない。やっぱり二区、五区、六区。選手の育成方法については、寮生活や、チーム力というのが関わってきます。これまで培ってきた二つの力があれば、自ずと復路を走れる選手は作れるんです。僕から見たら、復路でブレーキになっているチームというのは、その二つの要素が弱いチームだと思ってるんです。

――面白い。

原　普通に私生活をしっかりやって、チームとして一体感を持っていれば、復路の区間でガタガタになるようなことはあり得ません。キチッと走ってきます。だから中央学院《ちゅうおうがくいん》さんとか、復路でも強いんです。

——山でも大崩れがなくしっかり走るし、シード権が厳しくなったとしても、諦めないで走っている。

原　たとえ、往路でボコーンと遅れても、復路では何となく形になっている。シード権を取れなかったら、そういう評価になってしまうけれど、中央学院さんは中身のある走りをしている。チームとして機能していれば、復路はブレない。

——ほとんどの監督さんは、「復路の選手は育てられる」と、おっしゃいますね。

原　復路は作れます。その視点で青学の駅伝を振り返ってみると、今はたまたま、出岐がいることで二区が成功していい流れを作ることができています。復路がしっかり走れているのも、出岐が良いポジションを作っているからなんですよね。持ちあげすぎちゃいけないけど、簡単に成功してきたように見えるのは、出岐のおかげですよ。でも、冷静に考えたら出岐が不調だったとしたら怖い。出岐の走りを見ても、二区というのはやっぱり大切なんですよ。

——その他に重視する区間はありますか。

原　たしかにシードを取る区間割りと、優勝を狙う区間割りは違うとは思う。でも、まだそこまで到達してないから（笑）。もちろん、そこには選手層というのも関係してきますからね。でも、私はね、四区って大事だと思うんだよ。

──四区、ですか。いちばん短い距離の。

原　前回の大会で、「どの区間が大切ですか？」という質問に私だけが四区ですって答えた（笑）。

──真面目に答えていらっしゃいました。

原　真面目も真面目、大真面目ですよ。二区、五区、六区にいい選手が集まるのは当たり前の世界。それに記者会見で、そんなことを言っても面白くないでしょ？　もしね、四区にエースクラスを持ってこられるようだったら、それはものすごく選手層が厚いチームだってことだからね。

──東洋大の酒井監督は七区って答えようと思ったらしいんですが、駒大の大八木監督が聞いてるから、正直に答えるのはやめたそうです。選手エントリーの段階から駆け引きが始まってますからね。

原　七区って、面白いよね。僕も素人だったなあと思ったのは、二〇一二年の大会で感じたんだけど、七区って突っ込ました方がいい区間なんだね。ある程度、スピードランナーを置くべき区間。

――それはコースの形状と関係しているわけですよね。

原　全体的にアップダウンがあるんだけど、それでも全体的に下向きに傾斜している。前半、突っ込んだとしても、後半はそんなにバテませんよ。

――優勝を狙うには、七区が大事になってきたと酒井監督は話していました。

原　東洋大は設楽、駒大は上野を置いていたものね。二〇一三年の大会は、ウチが絶好調なら六区に竹内《たけうち》（一輝《いっき》・三年）、七区に久保田（和真・一年）という配置も面白いだろうね。選手が「動ける状態」の七区は、設楽のようにスピードを生かした走りができるので、区間新ペースでバーッと行けるんですよ。動ける区間なんだな。

肩幅の広い選手は魅力的!?

――それも身体能力と関係してきますよね。ステージが変わって、欲しい高校生像も変化したりするんですか。

原　勧誘の面で、部の歴史をたどってみましょうか。いくら青山学院大学のイメージが良くても、あるいは陸上部の監督が熱意をふるったところで、弱いチームには来てくれません。もちろん、既成勢力だって当然あるわけですからね。だから当初は、弱い子でも一生懸命に努力する子を勧誘していました。その努力が、そのままチームの成長につながっていくような感じです。真面目だから、団結力、生活力も高かった。その結果として成績が伸びていったわけですが、二〇一二年に入学してきた選手は今までのなかで最も素質がある選手たちです。箱根の勧誘では、5000メートルのタイムという指標が重視されるんですが、ウチに入ってきた上位五人の平均タイムはナンバーワンです。

——欲しい選手のイメージは変わっていないけれど、素質の面が劇的に上がってきたということですね。

原　忘れてならないのは、学校の力という側面も大きいということです。今、箱根駅伝を競っている学校は、ウチや神奈川大学さんのようにクロカンのコースを作ったりする環境整備、あるいは授業料の免除ですとか、大学として支援策を講じているんです。これは、本当に現実的な話で、我々にはそういった制度はありません。その部分での戦いは厳しいものがあります。ただ、高校生ですから、偏差値や、学校のレベルという側面も無視できない。ですから大学側は偏差値を含めた大学としての価値を上げるように努力していますし、我々は現場レベルで努力をする。

――今は環境整備の競争になっていますね。

原　陸上ですから、走る環境がないとダメ。こういう環境整備は陸上部だけではできないので、大学でやってもらうしかないんです。もちろん、授業料という経済的な側面も重要で、たしかにそうした制度があった方が断然有利だと思います。ただ現段階では、僕はそこに対してのこだわりよりは、キャンパス内外周走路の整備、寮の場所の問題や寮の中の設備や栄養管理の充実を図りたい。たとえば、低酸素室や高酸素カプセル部屋とか、あるいは学内にプールがあれば競技力は上がると思います。大学側には、そうした環境を整えるようにお願いしたいという思いはあります。

――肝心の人間の部分、高校生のどういったところを原監督は重視されているんですか。

原　こと人間的な側面で一貫して重視しているのは、内面の部分では考える力があって、素直な子、かな。身体能力的な面では、接地の綺麗な子、左右バランス良く走れる子、そういったところを見ます。5000メートルで5秒、10秒遅くても、キチッと考えられる能力のある子、接地の綺麗な子がいいと思います。あと、これは科学的裏付けはありませんけれども、意外と肩幅の広い子も見る。

——原監督の経験値がそうさせるんですか。

原　肩幅と、体の厚みだね。裏付けはないんだけど、胸板とか肩幅が広い子は、たぶん肺が大きくて、心臓が大きいんじゃないかと思うわけ（笑）。

——つまり、まったく同じ持ちタイムだったとしたら、肩幅の大きい子の方がポテンシャルが高いと考えるわけですね。

原　そういうこと。それで厚みのある子。胸板が厚い子がいるじゃないですか。反対に背が高くてヒョロッとしている選手は、長距離には向いていないかな……。

——出岐君は厚みがありますね。

原　詰まった感じがするでしょ（笑）。肉弾って感じだもんね。そういう子がいいですね。

——考える力、あるいは素直な部分は、面談されて見極めるわけですか。

原　そうですね。お互い、会話をするなかで、話し方を見ます。なんでも「はい、はい、はい」って答えるのは心配になっちゃうよね（笑）。やっぱり、話のキャッチボールができないと、僕はダメですね。だから、返事だけがいいのはダメですよ。「わかった？」って聞いて、「はい、わかりました」って答えが返ってくるんだけど、わかってなかったりするから。

マネジメントだけでここまできた

――環境が変わってきて、新たな過渡期に。監督としても三度目のチャレンジになるわけですね。就任された段階から異色の経歴を持っていらっしゃいましたが、また新たな山を前にしている。

原　大きな山です。やっぱりここを越えないと、所詮、箱根駅伝に出てない、実績もない、素人監督だというふうに言われるでしょうから。やっぱり、そうは言われたくない。

――二つの力を重視されてきたと思いますが、うまく流れに乗れた秘訣はなんだったのでしょうか。

原　マネジメントの部分というものを、僕は大切にしてきたつもりです。

――「もしドラ」みたいですね。

原　私自身、マネジメント力でここまできたと思っています。ただ、ここから先、身体能力を高めて強い選手を育てていくためには、専門的な知識も当然、必要になってきます。ここで実績を上げないことには、原には知識がないというレッテルを貼られてしまいますからね。

――忘れてならないのは、もちろんチームの一体感だとか、生活面がしっかりしているという土台がなければいけない。

原　基本的にはそういうことです。今回、全日本の予選で負けて、何をしたかといったら、特に何もせず選手たちにも、門限を短くしようとか、丸坊主にしろとか、練習量を倍にしようとかそういうことは言わないよ、と。そんな特別なことをする必要はなくて、もう一度、原点に立ち返って、当たり前のことを当たり前にやっていこうと話しただけです。陸上競技って、冷静に考えると至ってシンプルな競技なんです。でも、最近になって「走り方って難しいな」って気づかされました。

――何か、そう思うようなきっかけがあったんですか。

原　出岐です。出岐がこの前まで快調に走っていたのに、四年生の春先から故障して調子が悪くなってしまったように、どうして急にこんなに悪くなるんだろうと思ってね。たまに、「走り方を忘れてしまいました」とかいう選手もいるんです。陸上はシンプルでいて、結構、奥深いものです。

若いときこそマラソンに挑戦した方がいい

――出岐君に関して言うと、毎年、成長を続けてきて、三月のロンドン・オリンピックの選考レースであるびわ湖毎日マラソンでは、初マラソンとしては素晴らしい走りを見せました。マラソンへのチャレンジに関しては、監督はどう捉えていらっしゃったんですか。

原　これまでの発想とは、また違った角度でマラソンにチャレンジさせようと考えました。私なりのオリジナル・ノウハウでやってみようと。本来であれば、マラソンのトレーニングをしっかりやってから挑戦していくものですよね？　40キロ走を何本もやって、30キロ走を1時間30分前後で走らないとマラソンなんて無理だというのが一般的な発想だった。

――一般ランナーのマラソンに対する「敷居」は低くなっているのに、競技者のマラソンは敷居が高いですもんね。

原　私の発想はちょっと違います。若いときにスピードがあるっていうじゃないですか。僕はそれだけじゃなく、持久力も若いときの方があると思っているんですよ。というのも、若い人は徹夜で麻雀したり、朝まで飲み明かしたりしても、次の日ケロッとしてる。ところが四十歳を過ぎてくると、徹夜してしまうと、一週間ぐらいダメじゃないですか（笑）。

――その通りです。自分自身が使い物にならなくなる（苦笑）。

原　そうでしょ。だとしたら、わざわざ体力をつけてからマラソンに出るんじゃなしに、二十歳の若いときに、生まれ持った体力がある時期に挑戦した方がいいと、私は思うんです。体力がない選手は、やっぱりマラソン練習してもダメだと思うわけです。出岐の場合、びわ湖毎日マラソンを走った結果、彼の潜在能力である「体力」というものを見つけ出すことができた。今後、出岐は楽しみな存在ですよね。

——びわ湖毎日を見ていて、「これ、オリンピック行っちゃうんじゃないか」って思いませんでした？

原　寮のテレビで見ていたんです。「おいおい、俺はここにいていいのか？」と思って（笑）。

——でも、体力面で気づいたというのは、マラソンに出てみないとわからないものだったんですか。

原　僕が出岐のレースを見て感じたのは、20キロをキチッと速いペースで走らせとけば、あとは天性の、これまた体力というものがマラソンの距離を走らせてくれると思った。ただ、これが5000じゃダメですよ。やっぱり20キロをキチッと走れる体力があれば、要は箱根駅伝で二区を走れる能力があれば、あえて40キロという距離を踏まなくてもいいんじゃないかと、僕は考えています。そうしないと、練習で疲れてしまって、自分のパフォーマンスが発揮できない。

――ロンドン・マラソンの代表の藤原新選手も、「とりあえず40キロ走はやらなきゃいけない日はあるけど、箱根の距離はマラソンに有効だと思う」と話していたんです。

原　ただ、選手によってタイプはありますよ。一概に私が言うような方法が絶対、というわけじゃない。それでも、今のマラソンは宗さんや瀬古さんの時代に培われたノウハウが絶対的だという考えはやめた方がいいと思うんです。やっぱり、選手の能力によってメソッドは変わってくると思います。

――その瀬古さんにしても、二十歳過ぎたぐらいが一番いいんだから、どんどんマラソンをやった方がいいんだよ、と言っていますし。

原　そうそう。だから、大学生にマラソンを走る能力がないわけじゃないんです。さっきの徹マンの理論じゃないですけど、絶対体力はあるんだから、三十歳になって、もう老いぼれた状態でやってもダメですよ（笑）。

――そうすると、今後も能力のある選手に関してはマラソンにチャレンジさせていこうという考えなわけですね。

原　挑戦したいね。日本ではまだまだマラソンの価値って高いんだなって、出岐のレースの後に思いました。箱根駅伝よりよっぽど、ファンの方からの反響が大きいんです。出岐はあれだけ箱根で活躍しましたけど、びわ湖毎日マラソン直後の反応の方がよっぽどありました。もう、町内会の人たち、おじいちゃん、おばあちゃんが「よく頑張ったね。あの子すごいね」と言ってくれて。箱根ではそこまでの反響はないですよ。

クロカンコースが「魔法の絨毯」に

――高校時代はまったく無名の出岐君が頭角を現して、今度は一年生、二年生もすごいということで青学への期待が高まっているわけです。

原　みなさんは青山にいい選手が入ったという。でも、能力の高い一年生が入っただけの話で、二年生以上を比較したら、駒澤、東洋、明治さんとか、すごい選手が揃っていますよ（笑）。だからね、そうした情報が流れることで、まやかしが本物に見えてくる。ウチには能力の高い一年生が入ったということで、部員がそれだけで優勝できると思ってしまった。そんなワケないって（笑）。練習してなんぼでしょ、という話です。

――過渡期を乗り越える話に戻りますが、練習面ではメニューを変えたりとかは考えているんですか。

原　おかげさまで、新しいグラウンドが整備されました。キャンパス内にクロスカントリー用の周回路ができて、これが一周630メートルあります。クロカンと大学構内を合わせた練習コースもあって、こちらは1400メートル。このクロカンコースが「魔法の絨毯」になることを期待していますよ。

――現在の箱根駅伝は、こうした練習環境が決定的な差を生むこともあり得ますからね。

原　今まではトラックでペース走をやっていたのを、あえてクロカンを使ってやったりしています。インターバルも、あえてクロカンでやったり。こうした練習が、今後、どんな効果になって表れるか楽しみです。

――以前、順天堂大の澤木《さわき》（啓祐《けいすけ》）先生に話をうかがったときに、クロカンを走ると可動域が広がるんだとおっしゃっていました。

原　一ヶ月やっただけで感じました。選手の足のラインが綺麗になったのと、股関節の可動域が一ヶ月走っただけでも違います。これを続けたら楽しみが広がります。

――大学側のバックアップもあって、施設の整備も進んでいる。過渡期を乗り切るインフラは整いつつある印象です。

原　施設は整いつつありますね。あとは意識の問題。優勝するという意識づけに対して、そこにまだ体がついてきていないのが現状です。優勝を狙える体を作っていこうという意識。でも、そこまでに到達するのは、時間が必要だと思います。過去を振り返ってみても。出場しようという意識づけ、シード権を取ろうという意識づけ、それぞれのステージに入ってすぐできるものじゃなく、その意識が浸透して初めて達成できるものなんですよ。だから、過渡期を乗り切るためには、優勝という意識づけの浸透を徹底的に図ることが大事だと思っています。ようやく、その位置まで持ってこられたのかなと思います。

——ただし、落とし穴も待っている。

原　そう、そうなんですよ。ここまでくれば簡単にガクッとは落ちないけれど、慢心があったり、油断すれば全日本の予選のようなことが起こりうる。

——学生はわかりやすいですね。

原　わかりやすい。私も単純ですし（笑）。

原という人間の存在意義

——ひとつのチームをここまで引き上げてきたこと。これは大きな実績ですよね。今振り返ってみると、青学の監督を引き受けたことが人生の転機になりましたね。

原　引き受けた理由は、私の人生観で「原という人間の存在意義を否定されたまま終わりたくない」、そう思ったからですよ。

――ハードな話です。

原　世羅高校から中京大に進んで、地元に帰って中国電力陸上部に入った。そこで自分が悪いんだけど、ボロクソ扱いされたわけ（笑）。そのとき、自分自身が陸上と真剣に向き合わなかったことが悔やまれるんです。当然、故障もしたし、実績も残せなかった。真剣に陸上と向き合えなかった自分がいて、そうすると競技者としてだけでなく、人としての評価、原という人間の存在価値が暴落した。

――暴落、ですか。

原　人として信頼されていなかったと思う。いや、されていなかったというよりも、されなかった。当然です、真剣に向き合わなかったんだから。だから、たまたま青学から話をいただいたときに、人としてまともな状態を取り戻したいというか、箱根駅伝で勝ちたいとか、陸上で成果をあげたいとかいうレベルじゃなしに、人として社会に対する貢献をしたいという気持ちが強かった。

――人として社会に貢献するには、やっぱり仕事をきっちりしなければいけない。

原　ええ、そうです。責任感を持って真面目に取り組む人間だというところを見てもらいたかった。そう思うほど、会社時代の僕はダメだった。だから、まだ青学が箱根に復帰する前、二〇〇八年に学連選抜を任されたときも、監督を任された以上は責任を持って全うしたいという思いが強かった。

――原監督が面倒を見た学連選抜は史上最高の4位。正直、学連選抜の指導に意欲を持っていない監督が多いなか、二〇〇八年のチームはまったく雰囲気が違いました。

原　あの時期はね、「原に任せたら、どんなことでもちゃんとやってくれる」ということを得たかったんですよ。必死だったんだね。

箱根を市場開放すべき

――学生時代、箱根を、経験していないことはプラスなんでしょうか、それともマイナスなんでしょうか。二元論では割り切れないと思いますが、監督には独特の箱根に対する見方があるのかなと、思うんです。

原　どういう切り口でお答えしたらいいかわかりませんが、ひとつの切り口で話をさせていただくと、陸上界、いわゆる日本陸連のなかに関東学連という存在があるわけです。日本陸連には、陸上長距離界を日本全国で盛り上げていかなきゃいけないという使命があるわけですよね。その使命の傘下に関東学連がある。それがいつの間にか関東学連の、箱根駅伝というものがトップ競技になっている。もちろん、関東学連の人はそれに気づいている。僕としては、市場開放すべきだと思います。

――全国の大学に参加するチャンスを与えるということですか？

原　外から来た僕から見て、既得権益を守りすぎているなという部分があります。インカレポイントの導入にしても、純粋な競技力で競っているわけじゃないですよね。僕としては、この箱根駅伝を日本の学生全員に参加する機会を与えていいと思うんです。予選会を通過すれば誰でもが箱根を走れるような市場開放をすべきだと思いますけどね。

――たしかに箱根の隆盛は、地方の大学の競技力を奪ってしまった面は否めませんから。

原　記念大会では、学連選抜に地方大学の選手を入れようという動きもあったのに、それもなくなってしまった。要は、関東を守ろうという気持ちが強いのかと思うんです。でも、箱根自体がこれほど地位が高くなったんですから、日本陸上界全体のためを思ったら、全国に目を向けた運営をしていってもいいんじゃないかと、僕は思っているんですけどね。

――門戸開放した場合、市場が広がってもっと盛り上がる可能性もあるんですよね。

原　そうです。もっと盛り上がります。視聴率がどんどん全国に飛び火しますよ。北海道から出た、福岡から出たとなるとですね。これは経済効果も絶対あると思うんです。地方大学が疲弊しているなかで、地元に残って、若者が地元に残るということは、それだけ人が残るということですから、経済が地方で成り立つわけですよね。

――陸上界の現状として、関東の学校に吸い寄せられちゃいますからね。

原　地方には若者がいないですもん。たとえばの話、どこかの市長さんのお話で、節電対策で若者はみんな地方に帰りなさいと。それが逆に地方の経済効果にもつながるという話をしていたんです。あ、なるほどそうだなと思ってね。大学も中央集権化の傾向が強いけれど、箱根駅伝を通して、地方の活性化も可能なくらい影響力を持っていると思う。地方でも頑張っていけるんだったら、わざわざ東京に来なくても、その地方の活性化にもなる。地方の大学が頑張って箱根駅伝に出たら、それだけ盛り上がりますよね。

——関西の大学は目標が持ちづらい。関東に進めなかった、というコンプレックスも持ってしまったり……。気の毒に思うことはたしかにありますよ。

原　こういうことをお話するのは、やっぱり私が関東の大学出身ではないからですかね……。最近、強く思うことがあるのです。陸上界という狭い世界の中でシェア争いをするのではなく、もっと目線を大きく持つ必要があるのだと。このままだと、身体能力の優れたジュニア世代をサッカー界だったり野球界だったりに奪われます。結果的に陸上界の発展は大きく望めません。こんなにも素晴らしい大会に発展した箱根駅伝というツールを関東という狭い世界に留めておくのは、いささかもったいない気がしてなりません。なんとかならないものですかね!?　関東の大学出身者の皆さんは、箱根駅伝に思い入れがありますからね……。

第五章　強いチームを作る「八つの力」

駅伝を構成する複合的な力

箱根駅伝のファンならば、優勝校の記憶は鮮明に残っているはずだ。その中心となった優勝メンバーのことも覚えているだろう。二〇〇六年、亜細亜大学《あじあだいがく》が初優勝したときの九区を担当したのは山下拓郎《やましたたくろう》選手（二〇一二年、拓殖《たくしょく》大のコーチに就任）だとか、結構細かいことまで不思議と記憶している。

いや、その学校のファンならば一区から十区まで誰が走ったか、そしてその選手の出身高校までもインプットされていく。箱根駅伝にはそうしたトリビア的な魅力があり、年を経るごとに重層的になっていくから面白い。

優勝争いだけではない、箱根の醍醐味は10位争いにも見られる。シード権をギリギリ獲得した学校のことも、かなり記憶に残る。最近では、箱根駅伝二〇一一で、國學院大学のアンカー、寺田夏生《てらだなつき》が四校の大接戦の最中、ゴール近くの大手町で道を間違えて、あわやシード落ちという危うい場面があったが、余力が残っていたために事なきを得た。

しかし、忘れてならないのは11位以下のチームのことだ。前の章で青山学院大の原監督がいみじくも指摘したように、中央学院大学は復路で厳しい状況に置かれたとしても、自分たちの走りをしっかりとしている。シード権を獲得できなかったチームにも「勝者」はいるのだ。箱根駅伝は全二十チーム、総勢二百人の選手たちが走るから、下位チームの選手の走りを見過ごしがちになってしまうが、そこにも大学の個性、選手たちの青春がつまっている。

箱根駅伝の隆盛を支えているのは、上位校ばかりではなく、シード校を目指す学校、予選会を突破するために必死な学校の「熱量」の総和であることを忘れてはいけない。

現状、関東学生連盟に所属する学校のうち、現実的に箱根を射程距離に捉えられるのは二十四校である。予選会の成績を見ると明らかなのだが、現実的には二十四校で学連選抜を除く十九の椅子を争っている。

各大学にはそれぞれ「セールスポイント」と、「ウィークポイント」があって、実力をアップさせるためには、競技力だけでなく、学校全体での発信力も重要になる。

そうしたトータルの力が相まって、高校生はどの大学に進学するかを決めていく。やはり陸上は素質が肝心。有能な選手が入ってくれれば、箱根でもそれだけ上位を狙える。青山学院大の原監督が「学校は偏差値を上げる努力をしてほしい」と話すのは、そうした背景があってのことである。

駅伝の力を構成しているのは複合的な要素なのだが、近年の傾向を見ていくと、「八つの力」が浮かんでくる。

現代の箱根駅伝の競技力を左右する力である。

大学長距離界のカレンダーを見ていくと、箱根駅伝が終わってもロードシーズンは続き、立川《たちかわ》や丸亀《まるがめ》のハーフマラソンがある。これから、有力選手はびわ湖毎日マラソンなどに積極的にエントリーしていくかもしれない。そして新学年が始まってトラックシーズンがやってきて、夏合宿。九月の日本インカレが終わると、いよいよ駅伝シーズンの到来である(大学によってインカレの捉え方には温度差がある)。

十月から始まる出雲、全日本、箱根が学生三大駅伝であるが、現実的には箱根に向けて競技力を収斂《しゅうれん》させていく。一月二日と一月三日にどれだけ力を発揮できるかがポイントとなる。

「八つの力」には、部の競技力だけでなく、大学側のバックアップ体制なども含まれる。箱根は特定の観点から見れば、大学間の総合力の戦いであり、だからこそ、箱根駅伝は面白いのである。

では、競技面を支える力から見ていくことにする。

誰が指導するか

①指導者

当然のことながら、誰が指導するかによって成績は驚くほど違ってくる。現状、各大学の監督は与えられた条件の下で、必死に結果を追い求めている。優勝、3位以内、シード権、予選会突破など、各大学の戦力に見合った結果を残せているかどうかが、指導力の判断基準になる。

それでも指導にあたる人材は限られている。一年間にわたり、ほとんど休みなく練習、勧誘などに飛びまわらなければいけないからだ。伝統校であれば卒業生のなかから人材を発見できるが、箱根駅伝が日本テレビで中継されるようになってから強化に取り組み始めた新興校の場合、外部に人材を求めざるを得なくなる。箱根駅伝二〇一二を例にとると――。

・卒業生が監督をしている学校

東洋大／駒大／早大／中大／日体大／順天堂大／国士舘大／東海大

・外部から監督を招いた学校

明大／青山学院大／山梨学院大／神奈川大／拓大《たくだい》／國學院大／上武大《じょうぶだい》／東京農大《とうきょうのうだい》／帝京大《ていきょうだい》／城西大《じょうさいだい》／中央学院大

卒業生が監督をしている学校は八校に過ぎず、今や外部から招聘した大学の方が多くなっているが、優勝経験を持つ伝統校はＯＢが監督を務めるケースが多い。そうした学校には過去の「財産」があり、箱根優勝へ向けた練習方法などの伝承が行なわれているからだ。

外部から指導者を招くケースでは、大学側がどのような待遇をするかが難しい。大学の職員が多いが、かつては講師のポストを用意するケースもあった。いま、問題になっているのは、結果を残せなかった場合の待遇処置である。新興校であれば、大学自体が監督の雇用にコミットしているケースが多いが、簡単にクビというわけにはいかない。プロコーチではないからだ。

指導力のポイントは、原監督のインタビューにあるように、生活面と競技面での「両輪」が重要となる。陸上長距離の場合、生活面での充実が競技力の向上につながることが多いので、「寮監」的な色彩が強く、國學院大の前田《まえだ》監督のように合宿所に同居、もしくは近隣の住まいで暮らしているケースも見られる。面白いことに、伝統校の場合は監督が同居するケースは稀で、選手の自主性に任されることが多い。

今後のポイントは、指導者の流動性が高まるかどうかだ。亜細亜大を優勝に導いた岡田監督は社会人を経由して、拓大の監督に就任した。優秀な監督を他大学が引き抜く――そうした仁義なき戦いのステージに突入するかどうかが気になる。

箱根駅伝とはいってもアマチュアスポーツだけに、大きな変動にはつながらないとは思うが、可能性はゼロではない。

それだけ箱根は大きな影響力を持っているから、投資を惜しまない大学が出てくるかもしれない。

②人脈

あらゆる意味での人脈は、競技力へとつながっていく。わかりやすいのは、高校と大学の関係だ。たとえば、日体大の別府《べっぷ》健至《けんじ》監督は西脇工（兵庫）の出身だが、西脇工のエースクラスの選手は日体大に進むケースが多い。また、青山学院大の原監督は世羅高（広島）の出身で、近年、世羅高出身の有望選手が青学大に入学しているのが目立つ。

監督に限らず、高校の先輩がどの大学に進んでいるかも大きい。神奈川大や國學院大などのシード権争いをする中堅校は、先輩・後輩のつながりが重視されている。たとえば、高校二年生に有力な選手がいるとして、その選手がどうしても欲しいと思った場合、一年先輩である三年生を勧誘することはよくあることだ。たとえその三年生の競技力には期待できないにしても、高校の指導者との関わりは深くなり、その三年生が入学した場合、間接的にターゲットとする二年生に情報発信することにつながる。

また、「高校の先輩じゃなくても、同じ県出身の先輩がいるだけでも落ち着いて練習に取り組むことが可能では」と話してくれた経験者もいた。

他には、地域とのつながりが深い大学がある。特徴的なのは東洋大の東北出身者とのパイプで、二〇一二年の優勝メンバーでは柏原（福島／いわき総合高）、齋藤貴志（宮城／仙台育英）のふたりが東北出身だが、部員名簿を見ると、福島、宮城、秋田の選手が目立つ。これはリクルーティングを主に担当している佐藤尚《さとうひさし》コーチ（初優勝のときの臨時監督）の人脈が大きな武器になっているからだ。酒井監督も福島の出身だが、東洋大がここ数年、安定した成績を残しているのはリクルーティングの成功が大きい。

また、早稲田はここ数年、佐久長聖高（長野）からのエースクラスの進学が上位で戦うことを可能にしている。しかし、佐久長聖を指導していた両角監督が母校の東海大の監督に転身したことから、佐久長聖からの選手の流れがどうなるかも注目されている。

選手名鑑を読むと、特定の高校から大学への「ライン」が見え、重層的に楽しむことができる。

大学の本気度が試される

今や常識となったが、駅伝である程度の結果を残そうと思ったら、陸上部の力だけでは強くなることはできない。大学側が支援体制を作らない限り、本格参入さえできない。また、本気になったところで適切な指導者が見つけられなかったり、有力な選手が入学しなかったり、苦戦を強いられるケースもある。近年、重要になっているのは大学の認知度だ。

③大学のブランド力

明大、青山学院大の躍進によって、中堅校のある監督は、

「やっぱり、大学のブランドって大きいなあ。明治や青学が本気で選手を取りにきたら、親、選手ともにそちらに流れてしまう気持ちはわかるもの」

としみじみ話した。

大学のブランド力には、伝統、就職力、偏差値などあらゆる要素が加味される。卒業生に有名人が多いというのも、ひとつの武器となる。

戦前の時代から東京六大学の早稲田、慶應《けいおう》、明治、法政、立教、東大《とうだい》は野球のおかげでブランド力を保ってきた。特に営業努力をせずとも、全国から志願者を集めることができたのである。東京六大学のなかで長距離を強化している学校は、早稲田、明治、法政の三校だけというのは不思議かもしれないが、大学の経営的視点からすれば強化は必要ないのである。

このなかでは明治が大学として元気だ。志願者数で早稲田を抜いてトップに立った、就職内定率が高いといったニュースが流れてくるのは、大学として明大が経営努力をしていることが大きい。受験生の親となって初めてわかったのだが、昭和の時代と大学受験のシステムは大きく変わっており、完璧に理解することは難しい。

が、明大は入学金の納入猶予、地方都市での受験（これは地方に住む親にとってはとてもありがたい）、センター試験との併用など「融通」が効きやすく、それによって受験生が増えていったことが見て取れる。

志願者数は人気のバロメーター。忘れてならないのは、長距離の選手だって受験生なのである。人気の高い大学、あるいは青山学院大のように表参道という一等地にキャンパスのある大学はそれ自体が財産であり、高校生にとっては大きな魅力の一部となる。

大学自体が元気であることは、選手の獲得にあたって大きな武器となるのを忘れてはいけない。

④推薦枠

大学側が陸上部をどういった形で支援できるかというと、最も大きなものは選手を獲得できる「枠」を提示することである。ただ、枠を設ければいいのではなく、その条件がポイント。一学年につき、どれだけ選手を取れるのか、推薦にあたっては学業成績、競技成績がどのレベルに達している必要があるのか。そうしたことが重要になる。

推薦枠について面白いのは早稲田だ。早大にはスポーツ科学部があり、学業成績は問わないが超高校級でなければ入れない「特特」という枠、さらには一定の基準を満たしていれば出願資格を得られる「特選」枠がある。さらには日本代表クラスだけの「トップアスリート枠」(卓球の福原愛《ふくはらあい》はこの制度を利用して入学した)もある。

問題は、学部側の要求する競技成績の基準が高いことである。高校のエリートでなければ推薦資格を得られず、そうした選手はえてして「早熟」で、入学後に期待したほど伸びないケースが見られる。

大学側としては実績のある選手が欲しいのはわかる。しかし、現状の制度は「プライド」が邪魔していると思う。現場サイドが欲しいと思っている選手が競技成績をクリアできず、一般受験に回らなければならないケースもある。そこまで根性を据えて早大に進もうとする選手は稀だから、他の大学に流れてしまう事例は毎年のように繰り返される。

推薦枠はあって当然。そこでどれだけの柔軟性を確保できるかが、競技力につながっていくのである。

⑤偏差値

言葉には出しにくいが、箱根駅伝に関わる人たちがみな気にしていることである。ブランド力と関係してくるところだが、偏差値の高低は進路選択に大きく影響してくる。

特に高校生の親は、少しでも偏差値の高い大学に入れたい――そう思うのが親心である。

入学難関校は、それだけで力を持っていることになる。他大学は他の面で勝負する必要がある。

⑥経済支援

授業料の免除、一部負担、そして寮費などの経済面での負担を、大学、あるいはOB会がどれだけ支援できるか、これも大きな要素である。しかし、具体的な情報は絶対に表に出てこないので、ここでの優劣を見極めることは難しい。

大学側が本気であればあるほど、授業料免除の枠は増えてくる。反対に、ブランド力のある大学は経済支援策が少ない。この関係性がとても興味深い。

推薦枠や経済支援策は共通ルールの下に運営されるのが望ましいと思う。現状は競技力の優劣を競っているのではなく、こうした大学の本気度だとか、競技とは関係ない部分で優劣が決まってしまうからである。そうした統括機関がないので、仕方がないのだが。

大学間の競争は「熱意」から「施設」へ

続いては大学や競技を取り巻くインフラを考えてみる。人、大学の熱意から、競争のステージは施設面にシフトしている印象があるからだ。

⑦立地

箱根駅伝を主催する「関東学生陸上競技連盟」は、東京、神奈川、埼玉、千葉、そして山梨、茨城、栃木、群馬の一都七県の大学が加盟している。山梨学院大が台頭してきた時期は、「ああ、山梨の学校も箱根に出られるんだ」と驚いたことを記憶しているが、常連校になりつつある上武大学は群馬県にあり、箱根を目指す学校は関東一円に広がっている。栃木の学校が本格参入してきても不思議はないのである。

しかし、実際には「地理的条件」が戦力に大きな影響を及ぼしているのもまた確かなのだ。私が思うに、立地には三つの要件が含まれている。

・キャンパス所在地
・合宿所所在地
・合宿所〜キャンパスまでの通学時間

一九九〇年代から箱根駅伝に本格参入して短期間で好成績を上げたチームは、キャンパスが首都圏にあって立地に恵まれているのが特色だった。神奈川大学は東横線の白楽、駒大の合宿所の最寄り駅は田園都市線の二子玉川だ。田園都市線といえば、この路線に合宿所を持つ学校は比較的シード権への出世も早く、二子新地に合宿所がある國學院大も立地に恵まれている。

選手の親世代はかつてTBSテレビで放映されたドラマ「金曜日の妻たちへ」などを見た世代であるから、東急線に対するイメージがいい。東急線に関係する大学はそれだけでアドバンテージを握っている。

明大がアッという間に有力校に成長してきたのも、合宿所が世田谷区の京王線・八幡山、キャンパスが京王線・明大前と中央線・御茶ノ水がメインなのも要素としては大きい。明大は不動産を見ても、大学としての基礎体力が非常に高いのが特徴的だ。

反対に、首都圏とはいっても都心まで距離のある学校はシード権獲得に苦労を重ねている。年号が平成に変わってから箱根駅伝に初出場した大学は七校あるが、いずれも都心から比較的離れている。

中央学院大　（千葉県我孫子市）
関東学院大《かんとうがくいんだい》　（神奈川県金沢区金沢文庫）
帝京大　（東京都八王子市）

平成国際大《へいせいこくさいだい》　（埼玉県加須市）
國學院大　（東京都渋谷区）
城西大　（埼玉県坂戸市）
上武大　（群馬県伊勢崎市）

國學院大を除くと、都心部からは離れた場所に位置しており、大学によってはそれがリクルーティングの際にネックになる。関東の学校に来たと思ったら、東京駅から二時間も離れていたことに驚く選手もおり、都心から離れている学校ほど、「実際に合宿所や練習環境を見てもらうことが大切」と監督たちは話す。

正直、リクルーティングにおいて山梨学院大、上武大はハンディを抱えていると言わざるを得ない。その環境のなかで監督、スタッフは多大な努力を重ねている。

ただし、選手や親が何を求めているかによって条件の見方は変わってくる。山梨学院大、上武大の両校とも素晴らしい施設を備えていることもまた事実なのである。山梨学院大のトラックで練習を見ていると極上の時間を過ごすことができるし、上武大の練習は赤城山で行なわれることもある。

首都圏にキャンパスのある学校では、そうした環境は望んでも手に入らない。

しかし、日本の大学にはどうしても「都心志向」が強く、それが箱根にも影響を与えている。大学に関しては都心にあることがアドバンテージになるのだ。

そもそも「都心志向」とはなんなのだろう？　取材で世界中を回ると、大学にはいろいろなタイプがあって、大別すると「都市型」の大学と、「郊外型」の大学に分かれる。

イギリスの名門校、オクスフォード大学とケンブリッジ大学はロンドン近郊の町にあり、独特の雰囲気のなかにコレッジが存在する。大学生が多いからそれなりに開けてはいるのだが、都会の「毒」から逃れて、学業に集中できる雰囲気が漂っている。

アメリカだと都市型と郊外型に完全に分かれ、たとえばシアトルがあるワシントン州には二つの代表的な州立大学があるが、シアトル市内にあるのはワシントン大学だ。ダウンタウンから車ですぐ、キャンパス内にはビル・ゲイツの名を冠した図書館があったり、大学周辺にはエスニック料理店や、シブい映画館があったりする、都市型の典型的な大学だ。

もうひとつのワシントン州立大学は、プルマンという町にあり、こちらはシアトルから車で5時間ほどのところにある完全な大学町。娯楽は少なく、学生はキャンパスという世界で暮らし、勉強に励む。

興味深いのは、アメリカでは都市型の大学と郊外型の大学が忌み嫌い合っていること。都市型の大学からすれば、郊外型の大学を「田舎者」とバカにする。一方で、郊外型の大学生も強烈な自負心があって、「都会の大学生なんて、スノッブなだけ」とバカにしているのだ。

この対抗意識が、アメリカの大学スポーツを彩るストーリーライン、彩りとなっている。翻って、日本はどうか。一九七〇年代から八〇年代にかけて、日本では郊外にキャンパスを移転させる大学が増えた。東京でいえば、中央大学、青山学院大などもそうだ。京都では同志社大学、立命館大学も郊外に移転していった。

おそらく当時は、「広大なキャンパスに対しての幻想」があったのだと思う。大学の研究者は海外で研究生活を送るから、郊外型のキャンパスの素晴らしさを満喫していて、それを日本に再現しようとしたのではないだろうか？　しかし、日本ではそこまでの成果は得られなかったと思う。

青山学院大は青山と、神奈川県の相模原にキャンパスがあるが、当初は一、二年を相模原、三、四年を青山で過ごすパターンだったのが、「青山学院なのに青山じゃない」と受験生から敬遠され、二〇一三年度より学部によって住み分ける。文系の学部は四年間、青山というように――。

さらに陸上部の場合は、キャンパスに近い合宿所が好まれる。中央大だと、自転車での通学が可能だし、早稲田大は所沢キャンパスであれば合宿所から徒歩で通える。そうした立地のすべての条件が、リクルーティングに影響していく。

都心に大学の資産があることは、有利な材料。だからこそ、新興校は苦労に苦労を重ねざるを得ない。

⑧インフラ

どうやら箱根駅伝二〇一三からは、インフラが競技結果に直結する大きな要素となりそうだ。

ここ数年で、選手の住環境、食事の環境は最大限に改善された。中央大は、最近になって陸上部専門の合宿所が建てられたのだが、それまではすべての体育会が集結した合宿所に住んでいた。

困るのは、箱根が近づいてくると同時にインフルエンザも流行してきて、いくら陸上部員が気をつけていたとしても、オフに入っている他の部員が罹患してしまい、合宿所内で流行の兆しを見せてしまうことだった。

また、食事も陸上用のメニューにはならない。栄養管理は他の大学に比べるとかなり劣っていたと思われるが、専用の合宿所に移って、健康、栄養管理の両面で大いに改善された。

こうしたことが可能なのも、陸上部の存在が大学内で大きくなっているからだ。

そして私が最も注目しているのは、練習環境の向上だ。青山学院大はキャンパス内にクロスカントリーのコースが設置されたが、同様に東海大、神奈川大の練習場にもクロカンの設備が設置された。

以前から順天堂大の澤木啓祐監督、大東文化大の青葉《あおば》昌幸《まさゆき》監督はクロカンの重要性を看破していた。澤木監督は「関節の可動域が広がることが大切」と主張、実際に結果を残してきた。

各指導者とも重要性は知っていたし、トレーニングに採用したいと思っていたのだが、実際には自然条件に合致した場所があれば取り入れるという程度だった。しかし、ここにきて複数の大学がクロカンに積極的に取り組み始めたことで、二〇一三年以降の箱根駅伝でどんな影響が出てくるかが楽しみなのである。

もちろん、クロカンのコースを設置できるのも大学側の協力があってこそ。陸上部だけではとてもそれだけの予算は投入できない。インフラの充実が著しい大学は、大学がどれだけ本気になっているかがわかる。

そしてまた、指導者と大学側の関係が良好であることもうかがわせる。

現代の箱根駅伝は、ひとつの力だけでは目標を達成できない。複合的な力が順位を決めていくのだ。そのなかで監督は、重要な役割を果たしている。現場での学生に対する指導のほか、高校生のリクルーティングのために全国を飛び回る。また、環境改善のためには学校側との円滑なコミュニケーションも必要だ。

忘れてならないのは、注目度がアップしている状況で、監督は、多大なプレッシャーにさらされているということだ。次の章では、ある監督にチームを作っていくプロセスを聞いてみる。

第六章　「スタートは知名度を上げることから」

――上武大学・花田勝彦監督

ゼロからのスタート

八つの力が束となり、最もバランスのいい力を発揮したチームが箱根で優勝する。それが私の個人的な考えだが、新興校の場合、大学の持つ歴史やインフラなどの面でどうしても伝統校に対して分が悪くなりがちである。

上武大学の指導にあたる花田勝彦監督は、一九七一年滋賀県生まれ。進学校として名高い彦根東高校を卒業後、一九九〇年に早稲田大学に進学。入学時から駅伝では主力選手として数えられ、箱根駅伝では三年時に四区を走り、総合優勝に貢献している。

一九九四年に早大を卒業してからヱスビー食品に入り、一九九六年のアトランタ・オリンピック、二〇〇〇年のシドニー・オリンピックではトラックの代表として世界と戦った。一九九七年にアテネで行なわれた世界選手権ではマラソンの代表にもなった。

二〇〇四年に現役を引退。その後、上武大学の陸上部員からもらったメールがきっかけで監督に就任した。

ほとんどゼロからのスタートだったが、指導にあたってから五年目となる二〇〇八年の予選会を突破し、箱根駅伝二〇〇九に出場。二〇一一年には全日本大学駅伝でもシード権を獲得するなど進境著しいが、新興校であるハンディや、学生を指導する喜びを聞いた。

監督就任のきっかけはメール

――監督になった経緯がユニークですよね。なにか運命的なものを感じますが、監督に就任してから最も印象的だった出来事は何ですか。

花田　ご存知のようにメールがきっかけで、上武大学に来ることになりました。就任からの時間を振り返ってみると、やっぱり五年目に予選会を突破したことでしょうか。試合の前は正直、厳しいと思っていたんですが、3位通過で初出場することができた。そこがひとつの転機だったと思います。その後は私からすれば、非常に順調にきましたから。あそこで出られなかったら、その後も果たして箱根を走ることができただろうか？　そんな気持ちになることもあります。

――予選会の突破、シード権、3位、優勝。いろいろなステージで葛藤があるようですね。監督に就任したときのプランはどんなものでしたか。

花田　当初は三年ぐらいで箱根に、という気持ちもありました。城西大がヱスビー食品で同僚だった平塚潤《ひらつかじゅん》さんと、早稲田で同級生の櫛部《くしべ》（静二《せいじ》）君が指導して三年で出場したのが頭にあって、自分としても同じような結果を残したいという思いがありました。でも、監督になるにあたって瀬古（利彦）さんから、「城西と上武を比べない方がいいよ。場所的にも上武の方が悪いし土台もないんだから」と見立てをいただいて、だとしたら三年は難しいかもしれないけれど、五年をひとつのスパンと考えて、箱根の出場を目指したんです。

――監督になってから高校生をリクルートし、翌年に入学してくる。彼らが最上級になったときに箱根を狙うということですね。

花田　その通りです。自分が勧誘して、しっかり指導した選手たちが一年から四年まで揃う最初の年がひとつのチャンスと捉えたんです。でも、ひょっとしたら十年かかるかもしれないよ、と周りの方からは言われましたね。

――部員はどれくらい在籍していたんですか。

花田　最初、十三名です。

――５０００メートルのタイムだと、どれくらいのレベルの選手たちだったんですか。

花田　一番強い子が15分30秒くらいです。

――他の大学は15分を切った選手を勧誘していきますから、そのタイムだと戦力としては厳しいですよね。そこから練習環境を整えていったわけですか。

花田　最初にメールをもらってから、大学から正式にオファーをもらうまでに二、三週間の時間があったんですが、それまでも「朝練習はやった方がいいよ」といった練習メニューのアドバイスをしていました。彼らと初めて会ったのが二〇〇四年の二月上旬。正直、初めて会ったときなんかは、同好会みたいな感じです。決して競技者の集団という感じではなかった。

――具体的な指導を受けていなかったら、仕方がないですよね。

花田　ウォーミングアップの仕方もわからない状況で、練習前も練習後もダラダラして、みんなで座ってしゃべってる。一緒に食事に行っても、みんなラーメン大盛りやチャーハン大盛りを頼んだり（笑）。定食もあるのに、バランスを考えていない。そういう基本的なところから始まりました。

――やはり、陸上というスポーツでは、生活面でしっかりすることが競技力の向上には欠かせないんですね。

花田　心技体という言葉がありますが、陸上というのは、ごまかしが効かないスポーツなので、特に三拍子整っていないとダメなのかなと思います。技術系というよりは、体力勝負ですから。夏場だと涼しい時間帯から朝練習をするとなると、夜も早く寝なければいけません。

――夏場の起床は何時くらいですか。

花田　ウチは五時五〇分から練習開始なので、部員は五時くらいに起きていると思います。

最初の二年は勧誘中心

――同好会的段階から、具体的にはどういった形でチームをビルドアップしていこうと考えたんですか。

花田　箱根駅伝に出るためには、極端に単純化すれば、20キロを61分30秒で走れる選手が十人揃えば出られるわけです。それはわかっていても、５０００メートルのタイムが15分30秒くらいの選手だと、なかなか厳しい。翌年からは14分台の選手も何名か入ってきましたが、とりあえずは20キロをそのまま走り切るベースを作るところからスタートしました。

――その一方で、レベルアップのためのリクルーティングが重要だったんじゃないですか。

花田　最初の一、二年は勧誘が中心でした。五年というスパンで考えたとき、最初の三年間というのは、リクルーティングだったり、大学の宣伝が大事でした。まずは上武大学を覚えてもらう。だから、私もゲストレースがあれば走りましたし、テレビの解説も引き受けました。ちょっと出すぎじゃないか、というくらいの勢いで。

――とにかく知名度を上げるところからスタートしたわけですね。

花田　まずは知ってもらうことが大事、四、五年目で育成というプランでした。なぜなら、大学に入ってみたら、監督は相変わらず勧誘ばかりで指導してくれないということではその後が続きませんからね。五年目が終わって、初出場できさえすれば、「上武に行けば強くなる」というイメージを作ることができるという作戦でした。五年目は本当に、現場を何より大事に考えていました。

――以前、神奈川大の大後先生が勧誘の割合が高くなってしまうのは危険信号なんです、とおっしゃっていました。勧誘と現場指導のバランスは気を遣う部分ですね。

花田　実感としては現場が六割以上は占めています。最近は他の監督さんに比べて勧誘に費やす日数は少なくなりました。

――瀬古さんが指摘されたそうですが、群馬県にキャンパスがあるのは、ハンディと言っては失礼かもしれませんけれども、苦労されましたか。

花田　「群馬って関東なんですか?」とか、そういうレベル（笑）。特に九州の子たちはよくわかっていなかったと思います（笑）。最初の頃は厳しいなと感じることもありましたが、いい部分もたくさんあるんです。たとえば都心と違って変な誘惑もないですし、練習環境も一時間も車を走らせれば赤城山があって、準高地的な練習ができる。見方を変えれば、競技に集中できる環境なわけで、ハンディと思わずに、プラスとして捉えていくようにしています。

――逆にこういう環境を選んでくれる選手が欲しいということですよね？

花田　最初、学生がよく言っていたのは、東京に来たと思ったら、通りすぎて群馬だったと（笑）。最近は群馬という土地も知っていて、覚悟を決めて入学してきます。だから私が勧誘した選手というよりも、逆に「上武に入りたい」という選手もいて、そういう選手は他の大学の勧誘を蹴ってきているわけです。彼らは気持ちが強い。だいぶカルチャーは変わってきました。

――監督は、どのあたりをポイントとして選手を見ていらっしゃいますか。

花田　能力が高い、あるいはセンスがある選手は他の大学がとってしまいますから、会ったときの印象を大切にしています。まずは本人がウチにどれくらい来たいのかを確認します。それに私との相性も重要です。どれだけお互いが信じて四年間練習できるかというのは大切ですから。箱根駅伝に出場するという目標であれば、選手の気持ちがあれば戦えると思いますよ。それから先のシードとか優勝となると、競技力や能力が伴ってこないと難しい部分があると思いますが。

――勧誘の視点もステージによって変わってくるわけですね。

花田　最初の一年目、二年目はとにかく選手を集めなければいけなかったので、人物重視というところまではいきませんでした。来てみたら上武の環境に馴染めなかったり、私の指導法が合わなかったりして、残念ながらやめていった選手もいたんです。やっぱりこれじゃお互い良くないと思って、今では必ず私が会いに行くか、もしくは来てもらうようにしています。

――この環境で練習を積めるかどうか、ひとつのポイントですよね。

花田　実際に目で確かめてもらうようになってからは、退部する選手はかなり減りました。私の方も、合わないと思う選手にはハッキリ言いますしね。

――そうした葛藤を経て、落ち着いてきたのが三年目、四年目ぐらいですか。

花田　三年目になると、私が勧誘した選手が揃い、戦力的にも人数的にも充実してきました。四年目、五年目はチームを伸ばしていく時期になったんですが、四年目から能力の高い選手、たとえば長谷川《はせがわ》（裕介《ゆうすけ》・現ヱスビー食品）は個別のメニューを組んだりし始めました。一方で、部としてはベースを上げる作業があって、能力の高い選手を育てていくのと分業していく感じになりました。三年目からはコーチもつきましたので、分担しながらやっていきました。

――五年目の予選会前は、手応えはありましたか。

花田　なかったです。あの年は九月の合宿を終えた時点で、予選会突破は厳しいという状況でした。四年目までは、通過するにはこれぐらい走れとか、ノルマじゃないですが、選手を奮い立たせる感じでした。五年目のときは、八割から九割の力を出せれば、悔いは残らないし、それくらいのレースをすれば、たぶん結果は付いてくると話したんです。それでダメだったら、私の指導力がなかったということでそのときは許してくれと話した記憶があります。

――そして、箱根をつかんだ。どんな気持ちでしたか。

花田　とにかく良かったな、というのが正直な気持ちでした。特に四年生は何もないところに来てくれて、自分たちが大学にいる間に出られるか出られないかわからないのに上武大を選んでくれた。彼らが選手のうちに箱根に出場できたことが、いちばん良かったです。

上武に来て良かったと思ってほしい

――本戦に出場が決まると、選手の宿泊だとか、ロジスティックスの部分が大変ですよね。上武大としては経験がないわけで、初出場のときは準備も大変だったんじゃないですか。

花田　まず、マスコミ対応が大変です。翌日から一斉に取材が来て、講演の依頼も百件ぐらい来ましたから。十月の終わりに出場が決まって、箱根までの二ヶ月弱は毎日のように取材がありました。正直、訳がわからないうちに大会を迎えましたね。ただ、選手たちに話したのは、将来、自分たちがもっと強くなったときには、もっと対応しなければならなくなる。マスコミにも慣れておくのも大事だからと話しました。

――都心の大学だと、一区は合宿所から行けますが……。

花田　ウチは全部泊まりですよ（笑）。

――そのあたりの手配も大変じゃないですか。

花田　ベースは早稲田のときと一緒です。前半の区間は都内に泊まって、後半は小田原方面に泊まるスタイル。六区は山の上に泊まりますが、そのあたりは変わりません。

――メンバー交代なんかは、どうしていらっしゃいますか。レースの流れを判断して、いろいろ決断しなければならないと思うんですが。

花田　正直、この四年間はそのあたりがうまくいっていない感じがあります。箱根を前にしてうまくチームが組めない状況はありましたから。箱根で難しいのは、試合前日に全員と会えないことなんです。予選会だと、スタート前に私の意思を伝えられるんですが、箱根は宿泊の関係もあってそれができない。もう少し、選手の競技者としての意識を育てないと厳しいのかな、と感じています。

——本戦に出場することで見えてくるものがあるということですよね。チームを運営していくにあたっては、何人ぐらいがベストなんでしょう。

花田　毎年、二十名から二十五名は入ってきますが、練習はS、A、Bという三つのグループに分けています。Sは私が個別に見る選手たち。Aはある程度レベルの高いグループで、Bグループはベースをアップさせる目的です。

——部員数としては他の大学と比べると多い気がします。

花田　うちは結構、マネージャーも多いです。競技力を見たときに厳しい場合や、マネジメントや指導の方に向いていれば、早い段階から学生コーチをやってもらうケースもあります。学生が卒業するとき、上武に来て良かったと思えるような四年間にしたいと思っているわけですから、走れなくて悩んでいる選手がスタッフに入ることはプラスになると思うんです。スタッフだと私に近いところで競技の勉強をしたり、話したりする機会も多いので、卒業後に役立ててほしいと思っています。

――選手からスタッフへの見極めは、判断が難しいでしょうね。

花田　厳しいのかもしれませんが、三年の夏に見極めて選手として難しければ引退させ、就職活動に重点をシフトさせています。最終的には三年の秋、四年に残る選手は十名前後です。

戦力がアップしてからの難しさ

――二〇一一年の全日本大学駅伝では、素晴らしい走りを見せて6位。シード権を獲得しました。上武大の力が上がってきていることを感じさせるレースでした。

花田　実力的には10番前後だと思っていたんですが、ウチがきっちり結果を出せば8番くらいの力はあると見ていました。全日本の場合は、気象条件が厳しくなることがあって、暑くなったりすると他のチームが崩れるんで、ひょっとしたら6番に入れるかもよ、という話をしていたんです。それが作戦通りというか、みんな自分の仕事ができたので6位につながりました。

――上武大としては三大駅伝で初めての上位入賞で、ひとつ大きな前進だったと思います。戦力が充実してきたわけで、箱根のシードも見えてきたと思ったんですが……。

花田　箱根のときは、シード権を取りにいくという発想をしなかったんです。だから、調整をかけていなかった。今年は、結果を出せなくてもいいかなと思っていたんです。

――もったいないような気がしますが……。

花田　いや、シードを狙っていくよりも、来年、再来年に向けて下級生たちが上級生になったときに勝負するための経験として、いろいろな形で試してみたかった、というのが本音です。

――では、二〇一二年の箱根は戦力を見たときに厳しいという判断だったんですか？

花田　振り返ってみると、シード権を取るための練習メニューを組めば良かったと思わないでもないんです。通常であれば十二月は箱根に向けて合宿をするべきなんですが、試合にどんどん出していたんです。なぜなら全日本は勢いでまさかのシード権を取っちゃったので、だったらその勢いを今回は優先した方がいいかなと思ったんですね。そこでできるだけ選手たちを試合に出して、経験を積ませて、どこまで勝負できるのかを見ていく。もしこれでシード権を獲得できれば、来年以降が楽かなと思ったんです。しっかり準備していくと、来年以降は逆に迷うかなと思っていたので。

――全日本から箱根に結果が直結しないのは、八人から十人にメンバーが増えるからですか。

花田　距離が伸びることです。全日本だと長くても19キロ。他は大体13、14キロなので、その距離だとそれほど差はつかない。20キロになると、60分で走る選手、61分半かかる選手となると、1分半の差が出てくる。これは大きいですよ。ウチの戦力を考えたときに20キロは厳しいかなと思っていました。だから、シード権を狙って通らなかったら、結構ショックは大きいと想像していました。

――全日本と箱根の関連性がようやくわかりました。

花田　今、こうして話をしてみると、自分に自信がなかったんだと思います。言い訳をいっぱい作っていたのかな、と。

――上武大を見ていると、シード権を取る「壁」ってあるんだなと思うんですが、実感されたりしますか。

花田　二〇一二年のレースを経験してみて、シード権は狙いにいかないとダメなのかなと思いましたね。私自身、あまりシード権にこだわりがなかったんです。「シード権を目指しても、シード権は取れない」という発想で。

——つまり、もっと上を目指した結果、シード権が取れるという考え方ですか。

花田　そうです。やっぱり優勝するためにどうするのか？　ということを常に考えているんで。こんなことを言うと、優勝争いをしている学校の先生方からは「お前バカだな」とか言われそうですけど（笑）。今年から、神奈川大で初優勝したときのメンバーだった近藤重勝コーチが就任しました。彼は私とタイプが違って、コツコツ積み上げてきた選手なんで、新しい発想が出てくると思います。

——優勝前提で発想していくとなると、東洋大が10時間51分台を出して、これからは個のタイムが基準になるのかと思うと、大変な時代になってしまったのではないですか。

花田　あのタイムを見て、心が砕けました（苦笑）。箱根駅伝のためのチーム作りをしないと戦えない時代になったとは思います。ただ、自分の本音としては、それはしたくないなというのはあります。

——世界に向けた選手作りですか。

花田　箱根駅伝だけを目指してしまうと、そこで終わる選手を作ってしまうことになるので……。そのあたりのバランスが難しいです。ただ二〇一三年の箱根については、とにかくシード権は取らなきゃいけないと思って準備を進めていきます。

——具体的にはどんなことが必要になってきますか。

花田　ウチの選手は経験値が低いのが課題ですよね。それにはコースの下見は大切なのかな、と思います。それと山の対策はしっかりやっていきたいです。やっぱり箱根を知らないと、戦えません。

オリンピック選手を育てるために

——監督は箱根からオリンピックへはばたいたわけですが、学生の間では箱根を走るにしても長い距離を走る練習は必要ないんじゃないか、という意見があるようです。花田さんはどう思われますか。
花田　どうして30キロ走を練習に取り入れるかというと、将来、トラックやマラソンで強くなるために、若いうちから距離を積んでいかなきゃダメなんです。私も学生のときは40キロ走をやっていましたし。私自身はオリンピックや世界選手権を目指す上では必要だと思います。もし、距離走が箱根駅伝のためのものだとしたら、要らなかったかもしれないですね。

――エリートランナーであればこそ、長い距離の練習に挑んでほしいということですね。

花田　各大学のエース級の選手であれば、たぶん30キロ走なんかをやらなくても、箱根の距離は走り切れると思います。でも、それが彼らの強さかもしれないし、弱さかもしれない。

――上武大の歴史のなかでは、長谷川裕介選手が最も素質があったと思います。彼に関しては、どういった育成をされたんですか。

花田　長谷川は最初から箱根駅伝はやらないというスタンスで入学してきました。私が彼と初めて会ったときに、「1500メートルで世界を目指したい」という話をしてきたんです。じゃあ、400メートルはどれぐらいで走れるの？　と聞いたら、50秒は切れますという。世界で勝負するには、それでは遅い。ゲブレシラシエでも46秒で走りますから、そのレベルじゃ1500では勝負できない。でも5000だったらチャンスがあるという話をして、世界を目指そうと話したんです。

――なかなか、手強い高校生だったんですね（笑）。

花田　そのなかで距離走が大事になってきます。5000メートルを13分ちょっとで走れる選手なら、遊びで1万メートルを走っても29分ぐらいで走れるし、20キロを走っても、60分ちょっとで走れる。だから長谷川には5000を走ろうと思ったらそれくらいのタイムを出していかないとダメだという話をして、トレーニングを積んで、結果的に箱根も出てもいいんじゃないかというスタンスでした。

――今どき、珍しい選手ですね。

花田　二年目は予選会は走ってくれましたけど、本戦では「足に不安があるのでやめます」と言ってきました。走れる状態だとは思いましたが、僕は別に箱根駅伝に出るために来たわけじゃないからという考え方だったので。

――ちょっと扱いづらいというか、監督としては走ってほしかったでしょうに（笑）。

花田　でも、それぐらい個性があった方がいいですよ。自分が長谷川に似ていたのも影響しているとは思います。自分の方が瀬古さんに対してもっとわがままだったかな（笑）。瀬古さんの師匠である中村先生が「師は弟子の八倍学べ」と言っているじゃないですか。瀬古さんももっと学ばなきゃダメだとか、あなたの練習は合わないとかよく言っていましたから（笑）。脱線しますけど、私と瀬古さんはしょっちゅう喧嘩していたんです。主に練習方法に関してで、ヱスビーの練習方法は、朝は自分たちのリズムでやって、午後に追い込むパターンだったんですが、途中から旭化成型の朝からバンバン走るスタイルに変わったんです。それで僕はケガをしてしまって、瀬古さんにいろいろ言っていたんです。今では頭が上がりませんけど。

——花田さんに「やんちゃ」な時代があったのが指導者になってからはプラスになっていますね。

花田 だから長谷川のわがままも、まだ許せるんです。私は相手が間違っているときは怒りますが、彼も私に対して腹が立ったときは言ってきます。お互いに何でも言える関係になりました。

——いつから関係性に変化があったんですか。

花田 初出場のとき、彼は走らなかったわけですが、注目度や箱根の雰囲気を体験して、やっぱり箱根駅伝も出なきゃダメなんだと感じたようです。僕も最初の箱根が終わった後に、走る、走らないのはどちらでも構わないけれど、あれだけ注目される舞台は、オリンピックくらいだよとは話しました。

——現状ではそうなっていますからね。

花田 もちろん、レベルは箱根駅伝が高いとは思いませんが、ああいう晴れ舞台で走れるのは、将来オリンピックで活躍したい選手にとっては必要なんですよね。だから箱根駅伝を走るということじゃなく、自分の将来を考えたときには箱根を走るのは、プレッシャーに打ち勝つ準備になると話はしました。それで三年から意識が変わって、練習もよくするようになりましたね。

――その意味では、箱根という舞台は世界につながっていると考えていいんですね。

花田　そうですね。でも、長谷川の場合は時間はかかりました。三年の夏は調子も悪くて、将来は競技で勝負したいのかどうか問いつめました。真剣にやらないんだったら、僕も見ないし、だったらもうやめた方がいいと。そこから本人も変わって。九月、十月、十一月の三ヶ月間ですごく練習もやって一気に記録が伸びました。学生はほんの数ヶ月で変わる場合があるんです。

――箱根では二区で期待されましたが、思ったような記録が出ませんでした。距離適性が関係していましたか？

花田　それより経験でしょう。高校時代もインターハイに出ただけですし、駅伝の経験もなかった。彼の場合は二年までチームが弱くて、１５００メートルでインカレには出ていましたが、駅伝は箱根だけでしたからね。そういう面で、ちょっと可哀想だったかなと思います。

指導者として選手に選択肢を作ってあげたい

――ロンドン・オリンピックのマラソン代表だった藤原新選手の取材をしたときに、スピード重視の箱根の練習は、意外にマラソンに向いていると話されていたんです。いろいろな発想があると思うんですが、世界と戦った花田さんはどう見ていますか。

花田　彼も40キロ走とか、しっかりやっていますよ。ちょっと極端に言っているだけだと思います。個人的には、私は彼の練習法には結構賛同できます。中身を見ると、私が現役のときと近いんです。20キロのタイムトライアルを59分半でやったり、5000も14分台で何本か走ったり。彼の場合は、距離走もやっているんだけど、スピードを重視していることを発信したいんだと思います。

――花田さんをはじめ、早大系の選手たちは中村清監督が導入した「リディアード方式」でトレーニングを進めますよね。リディアード方式はターゲットとする大会に長い期間、一般的には十週間ほどかけて準備していくのが特徴ですが。

花田　リディアード方式は日本人の気質に合うと思います。日本人って、自分の能力じゃなく、やったことに対する自信で走る選手が多いんです。プロセスを大事にする人種だと思うので。

――中村先生は、そういった部分も見通していらっしゃったんですね。

花田　そうかもしれません。私もよく話しますけど、陸上競技、走ること、マラソンをスポーツだと思ってやっていると、私たちは勝てないと思うんです。それよりも「芸術」じゃないかと。絵画だと白いキャンバスに色をひとつひとつのせていきますけど、走るということは、試合という白いキャンパスに何をのせていくかが勝負。そうすると普段のジョグもすべてつながっていく。そういう気持ちで取り組みなさいと教わりました。

――監督は二回オリンピックに出場されていますが、経験者の立場から、大学の競技がオリンピックに直結していくためには、どういったことが必要だと思われますか。

花田　指導者自身が、箱根が最終目標じゃなくて、その先につながるものを指導していかないといけないと思います。私自身は、箱根駅伝はあくまで通過点で、その先にはマラソンがあると思います。日本人が勝負するにはマラソンしかない。それを見越したときに、箱根駅伝を目指すなかに、マラソン練習のケースが入っていましたから。今、大学の指導者には現役時代マラソンで活躍した人が多いので、そういうものを伝えていかないといけないと思います。

――トラックで対抗していくのはやはり難しいですか。

花田　世界のトラックは今、レベルが高いですからね。選手たちの能力を見ると、私たちのときよりも、体型的にも進化していますよ。今の日本は能力のある選手はいるんですけど、結局それに見合った「ソフト」がない感じでしょうか。練習方法や環境の整備が重要だと思います。

――20年前に比べて進化しているんですか、競技者としての人間は。

花田　明らかに進化していますよ。長谷川を見ても、私から見れば彼の方が自分より遥かに強いと思います。彼の能力をもってすれば、ほんと13分台、ひょっとしたら13分を切れるチャンスがあると思うし、一万も27分前半でいける可能性があります。でも、それに見合った練習方法を私自身が示せてないのかもしれない。

――選手側の問題はないんでしょうか。

花田　環境面で、日本のトップが今27分台ですから、まずそこが目標になってしまう。大体、人間は目標に届かない。目指しているところが低いと、それよりも落ちてしまう。一万だと26分台を目指していくことが必要かもしれません。あと環境作りが大切です。私が良かったのは、早稲田で武井《たけい》（隆次《りゅうじ》）、櫛部（静二）がいて、そこに渡辺康幸が入ってきた。みんなでもっと上を目指そうという雰囲気があったんです。上武では長谷川が育ちましたが、彼と一緒に競り合えるメンバーが育成できなかったんです。

——ロンドン・オリンピックで躍進したアメリカは、ナショナルチームがうまく機能して、選手たちが競い合うなかで結果を残してきました。

花田　日本は実業団単体での強化になってしまいますから。あと、スケジュールも見直す必要があるかもしれません。昔だったら、初夏はトラックで、夏に走り込んで、秋ロード。二月ぐらいまでマラソンがあって、二月が終わったら走り込むというサイクルでした。今はクロスカントリーが入って、夏にもマラソンとか駅伝があって、一年間、休みがありません。生島さんも前に書かれていましたが、ひょっとしたら駅伝はマラソンのために抜いた方がいいのかもしれないし、クロカンを抜いた方がいいのかもしれない。

——何を焦点に捉えるかですよね。私は瀬古さんが十二月に福岡国際マラソンを走って、その後すぐ箱根を走っているのを見ていた世代なので、どうしてもマラソンを中心に見てしまって。

花田　瀬古さんの学生時代のパターンは理想ですよね。僕の理想は、チームがシード権を取って、もっと上位争いするようになったら、一人ぐらいそういう選手を作りたいです。

――マラソンに出て、箱根を走る強靭な体力。

花田　私も福岡に出て、ニューイヤー駅伝とか走っていましたから。きついですけどね(笑)。

――やっぱりきついですか。

花田　福岡が終わって、一週間は休んで、二週目の初めぐらいから練習をやったんですが、力が入らない。やっとニューイヤーの一週間ぐらい前に、まとまった状況でした。最高のパフォーマンスは出せなかったですけど、そこそこは走れるんです。私自身はマラソンに力点を置きたいので、そういうのがあってもいいなと思っていますけどね。

――是非チャレンジしてほしいです。

花田　周りの人から、きっとバカだって言われますけど(笑)。福岡が無理だったら、別府大分とか、箱根の流れで走れたらいいと思います。

――やっぱりマラソンへの情熱が大きいですね、監督は。

花田　自分のなかでは、箱根駅伝総合優勝よりも、オリンピック選手を出すことの方に価値があります。人と同じことをするのが嫌なんですよ。ちょっと天の邪鬼なところもあるんで（笑）。

——でも、大学側としては箱根優勝の方が大事なんじゃないですか。

花田　ありがたいことに、大学はすごく理解があって、私の気持ちも理解していただいています。とりあえず箱根駅伝はしっかり出てほしいということは言われていますし、シードを取ったり、優勝したりした方がいいという話はされていますけど。現実的に、チームが強くなっていくと、さらに大学からバックアップが増えるパターンが多いんですが、私は学校の規模から考えても、それは難しいと思っていて、実際に最初の年と今と学校の援助というのはまったく変わっていませんし、その条件下でここまでは強くなってきたわけです。箱根駅伝の出場校で、学校の支援としてはちょうど真ん中ぐらいじゃないでしょうか。

——他校と比べると決して豊富ではないということですね。

花田　最近は他の大学を蹴って、うちに来てくれる子もいるんで。そういう選手をしっかり伸ばして、最低限、実業団で活躍できる選手に育てるという責任は感じています。

——意志のある選手が増えてきたんですね。花田さんの持ち味と似通った部分がある気がします。

花田　自分自身が、気持ちで競技者として強くなれた部分があったんです。渡辺康幸は大学で三年下でしたが、彼が入学してきて一緒に練習をしたり試合に出たりしているうちに、能力では勝てないと感じるようになりました。彼が100％の力を出したら私が120％出しても勝てるかわからないと感じたんですよ。

――どんなことをしていたんですか。

花田　自分はケガが多かったので、彼らがケアしていない場所もケアしたり、普段からストレッチ、気功、メンタルトレーニングといろいろやりました。時には、花田は大丈夫なのかと言われたりもしたくらいです。でもやっぱり自分はそれやらないと、勝てないと思っていたんですね。競技の練習をしている時間は一日三時間から五時間ですけど、他の二十時間をどう使って競り勝てるかという発想でしたから。

――そうした「花田イズム」は継承されていますか。

花田　二〇一二年のチームは「頑張り屋」が多かったです。夏場には1000キロぐらい走っていましたね。ただ、私が指示した練習だと750キロから800キロくらいなんですが、彼らが自分たちでプラスアルファして走り込んでいます。

――自主性という花田イズム。

花田　私が選手たちに、今日は休めと言っても、みんな隠れて走ったりするんです。だから、やらされた1000キロじゃないんで、やっぱり強くなるんですよ。ただ、休ませることは重要です。私が現役のとき、瀬古さんに言われていたのは「指導者の究極の仕事は、選手を止めること」と言っていましたから。強い選手は自分で練習ができる。あとは指導者がよく観察して、危ないと思ったときに「もうやめとけ」というのが、指導者の仕事だというんです。お前たちは、俺にその仕事をひとつもさせてくれないと瀬古さんは言っていましたけど（笑）。

――瀬古イズムですか。

花田　今だと、なるほどと思いますが、そのときは生意気にも「ちゃんと教えてよ」と思いましたけど（笑）。

――それでは最後に。二〇一六年のオリンピックに選手を出したいですね。

花田　今回、長谷川をオリンピックに出せなかったのはショックでした。自分のなかでは、四年後に誰か選手を出せなかったら、もう辞めるぐらいの気持ちでやらなきゃダメかなと思っています。今のやり方ではたぶんダメなので、環境を変えるとか、いろいろ模索していきます。あとは選手がどれだけ危機感を持って取り組めるか。最終的には、指導者というよりは本人がどうしたいかです。

――花田さんの現役時代にはそうしたモチベーションがあった。

花田　そのなかで指導者がうまく環境を作っていく。今思えば、瀬古さんがいろんな環境を作ってくれたからこそ、オリンピックに二回行けたと思うんです。特に海外遠征に行けたことが自分にはプラスになっていて、大学四年のときに学生では持ちタイムが一番良かったのに、日本選手権が11番でユニバーシアードの選考から漏れたんです。そこで瀬古さんが渡辺の練習パートナーで、そういうことでヨーロッパ遠征に連れて行ってくれたんです。

――そういう事情があったんですか。

花田　そんな状況で連れて行ってもらったわけだから、自分としては渡辺には全部勝たなきゃと思って。七試合に出て、六試合で自己新が出たんですが、あの遠征がなかったら今の自分はありません。

――指導者として学生にそうしたチャンスを作ってあげたいわけですね。

花田　人生の分かれ道でした。あのときに日本に残っていたら、たぶんオリンピックも行っていないです。だから、選手が必要としているときに、レールを敷いてあげる、選択肢を作ってあげるってことが指導者の仕事かなと思っています。

第七章 ロンドン・オリンピック後の世界と箱根駅伝

佐藤悠基の挑戦

大いに盛り上がったロンドン・オリンピック。多くの競技で日本人選手がメダルを獲得したのが今大会の特徴だったが、陸上競技のメダルはハンマー投げの室伏広治《むろふしこうじ》の銅メダルひとつ。その他では〝役者〟は不足していたものの、男子400メートルリレーの5位入賞は予想を上回る結果だった。惜しむらくは、予選のタイムを出していれば、銅メダルを獲得できていたのだが——。それでも、スプリンターの絶対数は不足していても、日本のリレー技術は世界のトップレベルにあることを証明したと思う。

それに比べると、男女ともにトラック長距離、マラソンは物足りない結果に終わった。男子1万メートルでは佐藤悠基（日清食品グループ）が28分44秒06のタイムで22位。5000メートルは13分38秒22で予選一組の12位で決勝に進むことはできなかった。

東海大学時代、三年連続で区間新を獲得した逸材である佐藤。周囲が期待していたような結果は残せなかったかもしれないが、個人的には彼の「意志」を感じたオリンピックだった。

1万メートルの前半では集団の前方に位置し、積極的なレース運びを見せ、間違いなく勝負に出ていた。結果的に周回遅れになってしまったものの、内容は伴っていたと思う。なぜなら、オリンピックの前年に韓国・大邱《テグ》で行なわれた世界選手権では早々に集団から脱落し、腰が落ちてしまったのを見ていたからだ。

箱根のエリート、佐藤の乱れたフォームはショックだったが、翌朝、選手村近くのグラウンドで佐藤がジョギングをしているのを見て、私は感激した（私もグラウンド周辺を軽くジョギングしていたのだ）。レースが終わってから数時間しか経っていない。きっと、疲れていたと思う。しかし、日課であるジョグを欠かさない姿に、オリンピックに向けての強い意志を感じたのだ。大邱でのレースが、間違いなくロンドンのレースにつながっていた。

佐藤は経験値を次のステージに生かすのが上手で、国際大会ごとに「身」が詰まっていく印象がある。本人はロンドンでの最後のレースとなった5000メートルも予選を終えて、

「最後はつぶれてもいいと思って行ったが、余力がなかったです。ラスト一周で勝負するにはまだ力が足りなくて。自分がやりたいことはやれたので悔いはありません。四年後はトラックでもロードでもいいのでもう一度日の丸を背負いたいと思います」

とコメントしており、「ロード」というからにはマラソンも念頭にあるのだろう。

箱根エリート、トラックでのスピードは現在の日本ではナンバーワンの佐藤がマラソンに出たらどうなるのか？　それはとても興味深いものになると思う。

世界から取り残される日本の女子マラソン

放送時間帯がよかったこともあったのか、男女のマラソンが高視聴率をマークしたと知って、驚いた。日本ではマラソンはまだまだ「ブランド力」があるのだ。

八月五日に行なわれた女子マラソンでは、木崎良子《きざきりようこ》（ダイハツ）が16位、期待されていた尾崎好美《おざきよしみ》（第一生命《だいいちせいめい》）が19位、重友梨佐《しげともりさ》（天満屋《てんまや》）が79位に終わった。序盤の15キロ地点で、集団のペースが遅いのにしびれを切らした尾崎が引っ張る形になったが、見せ場はその程度しかなかった。中盤以降、アフリカ勢の揺さぶりに後手に回ってしまい、日本人三人は見せ場を作ることができずに終わった。

今回、日本の女子マラソンはある意味で画期的だった。オリンピック前に合同合宿を張り、戦術面での「アライアンス」、緩やかな共同作戦を張ることにしたのだ。

これまで、日本のマラソン代表といえば、互いにライバルで作戦を共有することなど考えられなかった。オリンピックは、選手同士だけでなく、「企業間戦争」でもあったからだ。しかし、世界のマラソンの風向きがアフリカから変わってきた。

二〇一一年、大邱の世界選手権で明らかになったのは、ケニアの五人の選手たちが作戦を共有して集団に揺さぶりをかけ、人数を絞っていったことだ。それだけでなく、給水でも連係をとり、ある地点までは共同戦線を張っていたのだ。残り10キロを切ってから「ヨーイドン」でサバイバル・レースに突入するのだが、その仕込みの段階では同じ国の選手であることを意識していたのである。

かつて、ケニア勢といえばシューズメーカーごとに縄張り意識があって、メーカーごとに合宿を行なう傾向があった。しかし、ケニアの陸連が「チーム・ケニア」という発想を打ち出してから、世界選手権、オリンピックでメダルを獲得する確率が高まった。ケニアが動けば、エチオピアが動き、他のアフリカ勢にも影響が及んでいく。日本もその波に乗らなくては置いていかれるばかりである。

そこで代表になった女子の三人は、次のような「約束」をオリンピック前に取り交わした。

・給水ではお互いに連係する（スペシャルドリンクの中身もオープンにしたという）
・ペースが遅い場合は、連係して集団を引っ張るようにする
・もし、体調が思わしくなく、上位入賞が難しいと思われる場合には、あえてペースメーカーを買って出る

数年前を思えば、考えられないような連係態勢が整えられたのである。15キロ地点で日本選手が集団の先頭に立ったのはペースが遅いと感じ、リズムをつかむための仕掛けだったのだろう。事前の約束事が生きた形にはなったが、中盤以降のアフリカ勢の仕掛けに対処することができず、二大会連続でメダルなしという結果に終わった。

日本のメディアからは、いまだに「女子マラソンはメダルを狙える」という幻想が振りまかれているが、冷静な目をもって見つめた方がよい。特にテレビは視聴率獲得のためには「見積もり」を高く設定する必要があるので、イケイケ状態になるが、世界選手権やシーズンベストを比較すると、日本の女子はもはや世界の潮流からは取り残されている。

今後、流れを変えられるような才能ある人材が出てこない限り、オリンピックでのメダル獲得は厳しいものとなるだろう。

見る側に転換を迫るマラソンの戦術変更

男子では、中本健太郎《なかもとけんたろう》（安川電機《やすかわでんき》）が6位に入賞したが、これは価値ある入賞だった。北京オリンピックのときから、夏場のレースであっても高速化は避けられないものとなり、日本勢にとっては上位入賞が難しい状態になっていた。しかし中本はじっくりと自分のペースを乱さず、後半になって上位集団から落ちてくる選手を拾っていくという地道な戦術で入賞をつかんだ。

今後、先頭集団にはつかず、こつこつと順位を上げていくレース運びが国際大会における日本人選手のスタンダードになるのではないか――。そんな予感がしている。なぜなら、大会前から中本だけではなく、藤原新も同じような作戦を考えていたからである。

要はスピードのあるアフリカ勢の揺さぶりは、中盤以降からではなく、最近は前半からペースが乱高下する。それを避けるために、落ちついたペースを作る第二集団につけ、マイペースを維持していく方が最終的には順位を上げることができるという発想だ。

しかし、問題がある。見る方がこのスタイルに慣れていないのだ。

国内のマラソン中継なら日本人がレースの主導権を握るので問題はないが、世界選手権、オリンピックとなるとアフリカ勢、特にケニアの選手たちがイニシアティブをとる。彼ら、彼女たちが「今日は前半から仕掛ける」という作戦を取ったとしたら、日本人選手はそれについていくのは危険だ。当然、中継は先頭集団が中心となる。そうなると、日本人が映らなくなってしまうのだ。

オリンピックでは、日本人選手の位置を確認するのに手間取った。ただ、前半引き離されているからといって、必ずしもそれは不調とは限らない。ロンドンの中本のように、最初の5キロを15分28秒という超スローペースで入り、後半に懸けるスタイルがこれからは日本人選手の戦い方として一般化していく。

ただし、テレビは第二集団に注意を払わないし、日本の視聴者は「日本人有力選手は先頭集団にいるもの」という映像、発想に慣れてしまっているので、どうしても違和感がある。

後方に位置し、それから順位を上げていくというレースプランに慣れる必要があり、なによりそうしたスタイルでの実況が求められるようになる。

ただ、「××選手は、後半、追い上げていくプランを持っています」とは、なかなかアナウンスしづらい。オリンピックは「盛り上げ実況」がメインになっているから、地味な作戦の実況には向いていないのである。

しかし、時代は変わった。

世界選手権、オリンピックでは日本人は自重しているのだ。見ている側も、発想の転換をしなければいけない。

男子マラソン代表三人は箱根出身者

中本が健闘を見せた男子マラソンだったが、今回、指摘しておきたいのは中本健太郎、藤原新、そして山本亮の三人はすべて、箱根を走った経験を持っているということだ。

年齢順にあげていくと、藤原は一九八一年生まれ。諫早高《いさはやこう》（長崎）から二〇〇〇年に拓殖大学に入学した。一年生で即座に一区を任され、区間10位ながらトップとは25秒差でチームに「流れ」をもたらした。しかし拓大の戦力では予選会突破がやっとで、藤原が箱根に登場したのは二〇〇三年の大会。三年生で四区を走り、区間４位の好走を見せているが、四年生時は予選会で敗退している。

藤原へのインタビューでは、大学時代からマラソンを走る願望はあったそうだが、ケガもあって長い距離に挑戦することはなかなかできず、最初にマラソンを走ったのはＪＲ東《ひがし》日本《にほん》に就職し、三年目が終わる二〇〇七年のびわ湖毎日マラソンだった。藤原が二十五歳のときである。初マラソンのタイムは、2時間38分37秒の85位で苦い体験となった。しかし、二〇〇八年の東京マラソンでは2時間8分40秒で2位となり、北京オリンピックの代表候補としても名前があがったが、このときは補欠だった。以後、二〇〇九年の世界選手権のベルリン大会で日本代表になるなど、日本のエリートランナーのひとりとなった。

ロンドンで入賞した中本は、拓大で藤原の一年後輩にあたる。しかも同じ部屋だったというから、驚きである。

中本は二〇〇五年の箱根に七区で登場、区間16位の成績を残している。ハッキリ言えば、大会後に報じられることもない、無名の選手だった。また、復路に起用されていることから推測するに、チーム内での順位も決して上位ではなかったのだろう。この年、拓大は往路に四年生を五人並べ、なんとか上位でレースを運ぼうという意志が感じられるのだが、中本は復路に回されている。

面白いのは安川電機に就職してからだ。トラック、駅伝でなかなかタイムが伸びないこともあり、チームの山頭直樹《やまがしらなおき》監督からマラソンを走ってみないかと勧められたのである。それが中本にピタリとはまった。

藤原と同じように会社に入ってから三年目の終わり、二十五歳で延岡西日本《のべおかにしにっぽん》マラソンに挑戦、2時間13分54秒というまずまずのタイムで3位に入った。駅伝やトラックではスピードが足りないが、スタミナがあり、我慢強いレース展開ができるのが強みとなった。二〇一一年の世界選手権で初めて日本代表となり、ここでも10位に。フルマラソンでは4位が最高なのだが、決して大崩れしないところが中本の持ち味である。

なにせ、中本がオリンピック代表に選ばれたときに、

「本当に地味な選手なんです」

安川電機の山頭監督がコメントしているのには、笑ってしまったが、その地道な走りがロンドンで生き、日本人最高位をつかんだといえるだろう。

ロンドンでは40位と不本意な結果に終わった山本だが、彼は中央大の出身。二〇〇三年に中央大に入学し、一年生で早くも箱根にデビュー。一年生、三年生と八区を任されているが、このときは思ったような結果を残せていない。特に三年生のときに走った二〇〇六年の大会では、2位でタスキを受けながら区間15位の走りで三人に抜かれてしまう苦い経験を持つ。

しかし、主将となった四年生時には山登りを担当して区間3位の好走を見せる。中央大

はこのとき、四区まで18位と低迷、連続シード権獲得が危機に瀕していたが、山本の見事な山登りによって14位にまで挽回、復路の走者が粘って8位でシード権をキープした。

この二〇〇七年の大会は五区の距離延長があってから二度目のレースで、山本は長い距離に自分の適性を感じたかもしれない。同年、中央大法学部を卒業すると佐川急便《さがわきゅうびん》に入社、山本の初マラソンは二〇〇九年八月の北海道《ほっかいどう》マラソンである。結果は2時間12分10秒で2位。日本人トップの成績を収め、混戦となった二〇一二年のびわ湖毎日マラソンで2時間8分44秒の好タイムで4位、日本人トップとなってロンドンへの切符を手にした。

三人の経歴を見てくると、共通点が浮かび上がってくるのが興味深い。

まず、入社三年目にマラソンを走っていること。最近では入社一年目からフルマラソンに挑戦する選手もいるが、二〇〇〇年代中盤は、入社して早々はトラックと駅伝に注力していた時代だったのだ。三年目に入って部内でのポジションもある程度確立し、ようやくマラソンに挑戦できる土壌が整ったと見るべきではないか。

では、初マラソンからどれくらいの時間で日本の代表となったかを見ていくと、藤原は二年、中本は三年で世界選手権の代表となっている。山本は三年でオリンピックの代表となっており、初めてマラソンを走ってから代表に選ばれるまでは、ある程度の時間が必要になっている。フルマラソンは、経験が必要な種目といわれており、奇しくも二十五歳で初めてマラソンを走った三選手は、二十代後半で日の丸をつけて戦ったことになる。

そこでアイディアが思い浮かぶ。

「大学時代からマラソンを走っていたら、彼らはどうなっていたのか？」

箱根駅伝はマラソンに直結する？

第四章に登場した原監督のアイディアは、体力のある若いうちからマラソンに挑戦する意義はある、というものだった。

もちろん、距離適性など向き不向きはある。しかし、若さゆえの特権が素質ある大学生ランナーにはあり、しかも二十代前半からオリンピックの代表選考レースなど、緊張感の高まるレースを経験することは、二、三年後にその選手にとっての財産、いや、日本の長距離界にとって大きな財産になる可能性がある（青学大の出岐雄大には数年後の大きなブレイクに期待したい）。今後、二〇一六年のリオデジャネイロ・オリンピックの前に開かれる二〇一三年の世界選手権モスクワ大会、そして二〇一五年の世界選手権北京大会の選考レースには有力な大学生が集まることを望みたい。それは世界選手権、二〇一六年のオリンピックにつながるだけでなく、二〇二〇年のオリンピックにもつながるはずだからだ。在学中は難しいかもしれないが、卒業後数年で代表になる確率は、高まるはずだ。大学側も学生がマラソンで代表になるメリットに気づけば、支援するに違いない。

しかし、それにしても瀬古利彦という選手は、とんでもないポテンシャルを持っていたと改めて感じる。一浪して体重がかなり増えた状態で早大競走部に入部し、二年生の冬には福岡国際マラソンを走り5位入賞。そして三年生では、同大会で優勝、四年でオリンピック代表に内定していたのだから。こうした「怪物」が現れないかと思い始めて、もう二十年以上が過ぎてしまった。

瀬古利彦をスタンダードとする私は古い人間なのだろうか。

十二月第一週に福岡国際マラソンを走り、その一ヶ月後に箱根駅伝の二区を走るような豪傑はもう出現しないのだろうか?

そう考えていくと、瀬古利彦は五十年から百年にひとりの逸材だったのかもしれない。

最近も瀬古氏は、「大学に入って、才能のある選手ならば、二年生、三年生からフルマラソンを走ってほしい」と話していた。それはこの間までは現実離れしたものに思えたのだが、現実が変わり始めた。学連選抜でしか走ったことがない川内優輝の活躍があり、マラソンを志向する人間の強さを印象づけた。オリンピックの選考レースに大学のエースクラスが出場するようになったし、「箱根の練習はマラソンに合っていますよ」と話す選手まで出てきた。

藤原新である。

現代のマラソンレースは、アフリカ勢を中心に高速の展開となっている。ほとんどのマラソンレースではペースメーカーが付いて、選手同士の駆け引きは中盤を過ぎてか、終盤までない。世界中のマラソン大会の主催者は、「記録が出るコース」ということと、「町の文化遺産」を二大セールスポイントとして発信する。記録が出ること、それはエリートランナーが集うことを意味する（記録を出せばボーナスが出るからだ）。

このようなレース形態になってしまうと、前半である程度スピードがなければ集団についていくことはできない。そこで必要になってくるのは、藤原曰くハーフマラソンで1時間を切るようなスピードである。その意味で、箱根のディスタンスである二十数キロを念頭に置いたトレーニングを重ねる箱根駅伝の練習は、現代のマラソンに向いている——という発想が出てくるのである。

まず、大切なのはハーフマラソンのスピードを身につけ、そのスピードを維持できる距離を伸ばしていく。20キロから30キロ、そして35キロ、40キロと。

これまで日本のマラソン練習といえば、月間1000キロを突破するような「距離」を主眼に置いた練習だった。距離を踏んでこそ、マラソンに挑戦する資格がある——そうした考えだった。

しかし、高速レースに対応して、まずは自分のスピードを磨いていく発想が台頭してきたのである。

箱根ディスタンスの延長線上にマラソンが待っていると考えた方が、夢が広がるのではないだろうか。

もちろん、スピードを磨きながらも、距離走は行なう。スピード重視であることを隠さない藤原にしても、オリンピックに向けては40キロ走をしっかりとこなしていた。スピードを身につけることも、距離走を行なってスタミナをつけることも重要なのだ。しかし、従来の距離重視の発想からスピードへと発想を転換し、「箱根の距離を走ればマラソンにも挑戦できる」という柔軟な考え方を持つ方がポジティブではないか、と思うのである。

大学生がどんどんマラソンレースに出場する時代は、「発想の転換」にかかっている。

ヱスビー食品陸上部廃部の衝撃

しかし、あくまでも大学の陸上部はマラソンについては「土台」を築く場所でしかない。私が書いてきたように芽吹くまでに二、三年の「経験」が必要とするならば、大学で走り始めたとしても選手が結果を出すのは社会人になってからである（だからこそ、大学の指導者の度量が求められるのだ。他人の勲章のために、自分が犠牲になることができるかが、試されているのに等しい）。

瀬古利彦が活躍した一九八〇年代には、早稲田大学からヱスビー食品という「一貫教育」の場があったことを記しておかなければなるまい。早大で頭角を現した選手、瀬古、金井豊、谷口伴行だけでなく、日本体育大学の中村孝生《なかむらたかお》（モスクワ・オリンピック代表）、新宅雅也《しんたくまさなり》（ソウル・オリンピックマラソン代表、後に永灯至《ひさとし》に改名）、一九九〇年代に入ってからも、花田勝彦、渡辺康幸らのエリート選手たちが、早大からヱスビー食品に入社し、エリートランナーとして活躍した。

一九八〇年代、つまりは昭和の末期にヱスビー食品は日本の長距離界でひとつの時代を築いたといってよかった。

ところが——。

ロンドン・オリンピックが終わった八月三十一日。ヱスビー食品陸上競技部廃部の発表には、本当に驚かされた。まさか、という思いが強かった。

なぜなら、ヱスビー食品の陸上部は「世帯」として小さかったからだ。多くの実業団の陸上部は、ニューイヤー駅伝への出場を念頭に置く。ニューイヤー駅伝は七区間で行なわれるので、だいたいその倍の人数を確保するので、十四人の部員というケースが目立つ。それにスタッフが数名で総勢二十人規模。

仮に、仮にだ。ひとり当たりの人件費を五百万円としてみよう。人件費の総額は一億円ということになる。現実問題、人件費だけで最低一億円を見積もって、その他に遠征などの必要経費もあるので、数億円規模の運営費が必要となる。

ヱスビー食品の特徴は、ニューイヤー駅伝を狙わずに少数精鋭を貫いていたことだ。廃部時点での部員数は六人、スタッフの数も六人。運営規模は他の企業と比べれば小さいし、しかもトップにはメディアでの露出も多い、瀬古利彦氏がいた。ああ、それなのに——。

冷静に考えてみれば、ニューイヤー駅伝に出場しないということは、オリンピック、世界選手権に代表選手を送り込むことは部の運営のためには絶対条件だったのだ。残念なことに、二〇〇四年のアテネ・オリンピックのマラソン代表に国近友昭《くにちかともあき》を送り込んだのが最後の華となってしまった。

続く二〇〇八年の北京オリンピック、そして二〇一二年のロンドン・オリンピックにヱスビー食品は代表選手を送り込むことができなかったのが致命傷となった印象だ。振り返ってみれば、六月の日本選手権で竹澤健介、上野裕一郎が必死の走りを見せたものの、代表入りがかなわなかったことが悔やまれる。

エスビー食品のような駅伝には注力せず、トラックでの結果を重視するチームがなくなるのは痛手となる。今後、大学時代からマラソンに挑戦する選手が増えると予想されるなかで、トラック、そしてマラソン練習に集中できる環境がひとつ消えるのはなんとも惜しい。

心配なのは、ヱスビー食品の陸上部廃部が「連鎖反応」を起こさないかどうか、ということだ。

比較的、運営費が少ない陸上部が解散したことは、他の企業にも影響を与える可能性がある。せっかく、大学生がマラソンに挑戦し始め、しかも可能性が拓けている時代に企業の受け皿がなくなるのは厳しい。

藤原新のように独立系ランナーが今後、増えることが予想されるにしても、大学卒業後には一度、企業の風土を味わってからの方が人生の幅も広がる。

エスビー食品の余波、それが今、いちばん怖い。

おわりに

いよいよ「駅伝新時代」が到来した。二〇一二年に入ってから、その予兆がいくつも見られている。

まず、十月の出雲駅伝では青山学院大学が三大駅伝のなかで初めての優勝を遂げた。おそらく、二〇一四年から二〇一五年あたりまでは優勝経験のない大学、あるいはしばらく駅伝の優勝から遠ざかっていた大学にとってはチャンス到来の季節となる。ある程度の戦力を整えれば、優勝に十分絡むことが可能な状況になるだろう。

おそれずに予測するならば、二〇一五年までに三大駅伝において、青山学院大はタイトルを重ねると思うし、明治大も久しぶりの美酒を味わうだろう。特に明治大は全日本では大きなチャンスがあると思う。

優勝争いは英語でいうところの「ワイドオープン」な状況になる。つまり、開かれた状態だ。柏原クラスの「ゲーム・チェンジャー」が出現するとは考えにくいことが理由のひとつ。もうひとつは有力選手が分散する傾向にあることだ（本文中でも触れたが、それでも明大と青学大が素質の面では優位に立っている）。

改めて柏原という存在には、感嘆せざるを得ない。いくら山登りに向いているからとはいえ、かなりの選手であっても、1時間19分台を出したら御の字、1時間20分台でも監督は満足のはずだ。それを一年生のときから1時間17分台で走り、最後は1時間16分台までもってきたのだから、ひとりで4分から5分を稼ぐことができた。これこそがゲーム・チェンジャーである。

今、団体スポーツの世界はひとりの選手が超人的な働きをして勝つ時代ではなくなっている。柏原のような存在は稀だ。だからこそ、見ている人間の感情を揺さぶったのだろう。ゲーム・チェンジャーはそう簡単には出現しない。それも戦国時代到来の理由でもある。

化学反応を起こした青山学院大

戦国時代を象徴する存在になりそうなのが青山学院大だ。第四章で原晋監督へのインタビューを行なったが、これは出雲駅伝で初優勝を遂げる前であり、チームとしては停滞していた時期のものだけに、かえって感慨深い。

出雲駅伝を見ると、二〇一二年から二〇一三年の青山学院大には、チームとして機能する要素がそろっているように見受けられる。

まずひとつは、上級生に柱となる選手がいること。優勝経験のある駒大の大八木監督、東洋大の酒井監督、早大の渡辺監督に共通している見解は、

「四年生が味のある走りをしないと、箱根ではなかなか勝つことができない」

ということである。

三人とも駅伝に対するアプローチは異なるが、通じている部分はある。

四年で味のある走りができるためにはいくつかの条件が必要だ。まず、その学生が四年の間、練習を地道に積み重ねてきていることが大前提。大過なく四年生を迎えていれば、いちばんいい練習ができているはずなので、しっかりとした走りが見られる。

もともと青山学院大はこうした「たたき上げ」系のチームである。だから、大学のイメージとはギャップがあって、そこが面白い部分だった。

「青学」といえばアナウンサー、キャスターの宝庫だから、木佐彩子《きさあやこ》、滝川《たきがわ》クリステル、市川寛子《いちかわひろこ》、田中《たなか》みな実《み》といった華やかな活躍をしている卒業生のイメージが強い。場所も

表参道の一等地、学生の人気が高いのもうなずける。

しかし陸上部は違う。当初は有力な高校生が入学してくるわけもなかったから、地道に選手を育てるしかなかった。出雲では出岐雄大、大谷遼太郎《おおたにりょうたろう》といった四年生がしっかりと走り、「青学らしさ」を見せてくれた。

しかも、優勝した青山学院大には「ケミストリー」、化学反応が起きていた。たたき上げの上級生だけではなく、青学のブランドイメージそのままの、華やかな雰囲気を持つ下級生が活躍し始めたのだ。

出雲優勝の立役者となったのは、三区を走った久保田和真。高校時代は全国高校駅伝の「花の一区」で区間賞、全国都道府県駅伝でも五区の高校生区間でトップを取ったエリートの彼が入り、青山学院大は変化を始めた。出雲ではもうひとり、一年生の小椋裕介が一区で先頭と7秒差でタスキをつないだことが優勝へとつながっており、部内に化学反応を起こした。

つまり、たたき上げとエリートの組み合わせ。

今後、数年間はバランスのいいチーム編成、ケミストリーを持つ学校が箱根では上位でレースを進めていくことになるだろう。

ナイーブであり、危うくもあり

しかし、学生スポーツだからどのチームも絶対的な強さを持つことができない。ケミストリーが発揮されるのは、「流れ」がうまく作れたときなのである。

柏原というどんな順位からでも自分の走りができるゲーム・チェンジャーがいたことで、メディア的に少しばかり軽んじられているのは、駅伝の「流れ」である。出雲、全日本、箱根と三大駅伝を見ていると、一区で失敗したチームが浮上することはなかなか難しい。出雲駅伝二〇一二では青山学院大、中央大が流れをうまく作ったが、反対に主力級を投入しながら流れに乗り損ねた駒大、早大は最後まで力を発揮できなかった。

特に駒大は1万メートルで28分台の走者を並べていながら、四区まで浮上できなかった。力はあるのに、なぜ？　と思ってしまう。

ひとつの答えは、学生がとてもナイーブだということ。各大学は駅伝の展開をシミュレーションする。おそらく、この位置でタスキをもらうから、最初の1キロはこのペースで入って……ということをイメージする。レースの準備という面で、メンタル・トレーニング的な意味合いを含んでいると私は思う。

ところが、その予測から外れた状況、悪い状態でタスキを受けると途端に普段の走りができなくなってしまう。最初に飛ばし過ぎて、後半に潰れてしまったりするケースが有力校の選手でも多いのだ。

駒大の大八木監督は、選手たちの「線の細さ」を嘆く。

「最近の選手はメンタルが弱い。条件が悪いとき、たとえば向かい風が強く吹いていたりすると、それだけで気持ちが萎えてしまう。だから、速い選手はいます。でも、強い選手が最近はいないんです。追いつこうとして突っ込んでいったのに、前との差が縮まらないと諦めてしまう。次にタスキを渡すチームメイトがいるのにですよ。それじゃ、いくら走っても勝てない」

今後数年間、私は監督のある力量が問われることになると思う。それは「選手のナイーブさを封印すること」だ。

これはあらゆる大学スポーツに共通していることかもしれないが、印象として劣勢を跳ね返すメンタリティが弱くなっている。

たとえば、ロンドン・オリンピックのフェンシング、男子フルーレ団体で太田《おおた》雄貴《ゆうき》が準決勝のドイツ戦で見せたような逆転劇を演出できる選手には、普段から強靭なメンタリティが備わっている。太田は経験も積んでいるから一概には比較できないが、箱根を見ているとナイーブな選手が増えているのがわかる。

ある大学の指導経験者に聞いた話では、平成生まれの世代が入部してくるようになってから、選手のナイーブさが目立つようになったという。二人部屋の共同生活がストレスとなり、退寮、そして退部にいたるケースも散見される。寮内でのゲーム禁止がストレスとなる選手だっている。ただ、高校駅伝有力校出身の選手はたくましく、ひとりで入寮するケースが多いようだ。高校時代からすでに実家を離れ、覚悟を決めて陸上生活を歩み始めているからかもしれない。

しかし全体的に見て、今の学生たちは負荷をかけられたとき、それにどう対処するかというスキルが不足しているのは明らかだ。

大学生活は四年間。上級生になればたくましくもなるが、監督側としては選手がナイーブにならないようなレース展開を作る必要が出てきた。具体的には一区、二区の重視である。

極端な話、順位はどうでもいい。一区で先頭ランナーが見える位置でタスキを渡すのがものすごく重要になっている。今の選手は周りに誰もいない単独走が苦手である。ターゲットとするランナーが前方にいた方が実力を発揮しやすい。だから一区は流れに乗って、後ろのランナーが気持ちよく走れる環境を整えなければならないのだ。

かつて箱根の一区はスピードのある一年生がよく起用される区間だった。スタートから集団走が保証されているようなものだから、流れに乗りさえすれば大きな遅れにつながることはない。しかし、箱根駅伝二〇一一で早大の大迫傑が飛び出して優勝を引き寄せてからは、スピードがあって、なおかつ駆け引きに対応できる選手が選ばれつつある。そうなると駅伝経験の浅い一年生よりも、経験豊富な四年生の方がリスクが少ないと監督は考える。

一区の出遅れは、致命傷になりかねないからだ。

おそらく、本当なら三区や、近年重要性が急速に高まりつつある七区に起用したいランナーを一区で札として切らざるを得なくなっている。

監督としても、誰を起用するのか頭を悩ませることになるだろう。

「花の二区」復活か？

かつて私は「花の二区」は、死語となった——と書いたことさえある。箱根では一区から三区までをセットに考えることが支配的になってきたから、山梨学院大がケニアからの留学生を二区ではなく三区で使うようになったり、要は三区終了時点でどのポジションにつけるかが重要になったのだ。

しかし学生の「ナイーブ問題」によって、私は二区が復活すると考えている。もちろん、留学生のような圧倒的なゲーム・チェンジャーを持っている場合は別だ。彼らは三区で起用されることが多いと思う。二区終了時点で3分の差をつけられていたとしても、留学生のスピードならば先頭が見える位置まで挽回できるチャンスはあるからだ。

しかし一区での出遅れのリスクを考えると、二区にそれなりの人材を配しておかないと、負のスパイラルに入りこみかねない。

私はまさか、現代の学生気質が箱根の戦略に影響を与える時代が来るとは想像していなかった。しかし、今後箱根の往路に関してはますますリスクを減らしていく発想を持たなければならない時代になるだろう。ちょっと、日本の将来が心配だったりもするのだが……。

とにかく、箱根では一区、二区でうまく流れを作ることが各大学のターゲットを達成するためには必要条件となってくる。

ただ、この戦略は保険をかけているようで、リスクも同時に増加させている。もし、もしもだ。部内で三番手くらいの選手を一区に投入したとして、彼が遅れてしまったとしたら大きなダメージとなる。それならば、やはり流れに乗ればある程度は走れる選手を起用した方がいいかもしれない……。そうしたことも検討しなければいけない。

いずれにせよ、これから箱根駅伝を見ていく場合には一区、二区の重要性が高まっていることを知っておいた方がいいと思う。それが選手のメンタリティを考慮した采配だということも。

おそらく箱根駅伝二〇一三以降、二区にスター選手がそろう確率が高まると私は予想する。早稲田の大迫など、二区を走るところを見てみたいのだが、どうなるだろう？

駅伝予報

二〇一一年、『箱根駅伝』を出してから、「生島さん、どの学校が優勝しますかね？」と気軽に質問を受けることが多くなった。

「わかりませんよ」

と答えることにしている。本当にわからないからだ。レースが始まって流れが見えてこないことには、なんとも言えない。

しかし、向こう数年間のトレンドを予測することはできる。

先日、ある新聞社の方から電話があり、私が二〇〇五年に書いた原稿内容を教えてくれた。

二〇〇五年に明治大が久しぶりに箱根出場を決め、今後は伝統校復権の時代が来る——。そう書いていたというのだ。恥ずかしながら、自分ではすっかり忘れていた。

忘れていたとはいえ、そう予想するのは決して難しくはなかったのだ。明治大は、大学側がバックアップする形で駅伝の強化を進めていたし、高校生も明治大から声をかけられれば喜んで進学するだろうと想像できた。

二〇一三年以降、箱根駅伝はまた勢力地図が大きく塗り替えられる。雰囲気としては、二〇〇六年に亜細亜大学が初優勝を飾ったときと少し似ている。連覇を続けてきた駒大の戦力がやや落ち、混沌とした状況になっていたのだ。

柏原というゲーム・チェンジャーが抜け、レース展開が重要な時代を迎えると、一区、二区で流れをつかんだチームで、復路の選手をしっかり育てている学校なら、どこにでもチャンスが巡ってくると思う。

二〇一三年から向こう数年間、優勝するチャンスがある学校を並べていくと(三大駅伝という意味で)、どうなるか。

東洋大学
青山学院大学
明治大学
駒澤大学
早稲田大学

あと一校、中央大学を加えてもいいかと思う。ただし、中央大の場合は一九九六年の優勝のときのように、自分たちの流れを作り、なおかつレースが混沌としたときにチャンスが巡ってくる。自分たちから仕掛けてレースを作れるわけではないので、受動的な優勝候補としておく。

もうひとつ、優勝するために大事な要素である「ゲーム・チェンジャー」を加味すると、二〇一五年、二〇一六年あたりは青山学院大、明治大が有利になるだろう。その点、早稲田大、中央大あたりはリクルーティングで一歩遅れを取っていて厳しいので、これまで以上に流れを作ることが大切になる。

駅伝は優勝争いだけではない。優勝争いに加わるのは難しいかもしれないが、今のポジションより上向くと思われる学校もいくつかある。

神奈川大学
上武大学

この二校は数年のうちにシード権を獲得するチャンスが膨らむはずだ。神奈川大は環境も整っており、部と大学の連携がとてもスムースだ。上武大は花田監督との一問一答（六章）を読んでいただければ、信念に沿った指導が実を結びつつあることが実感していただけると思う。

両校が優勝争いに加わることが難しいのは、ゲーム・チェンジャーがなかなか入学してこないという現実があるからだ。

毎年、毎年、駅伝のシーズンがめぐってくる。きっと駅伝からマラソンへの道筋もここ数年の間にできると思う。

できるだけ長く、レースを見ていたいと思う。やはり学生たちの練習する姿、レースを終えた後の放心状態を近くで見たりすると、情というものが湧いてくる。

そして生活のすべてを学生の指導にあてている監督、コーチたちにも頭が下がる。みな指導者として決して恵まれた環境にあるわけではない。それでも「陸上が好きだから」続けているのだと思う。

誰もケガをせず、いいレースができますように。

そして箱根を走ったランナーが、いつの日かマラソンで芽を出しますように。

二〇一二年十月八日　出雲にて

生島　淳

参考文献

陸上競技マガジン
陸上競技マガジン別冊「大学駅伝」「箱根駅伝」／各年度号
（ベースボール・マガジン社）
スポーツ・グラフィック・ナンバー（文藝春秋）

拙著
『駅伝がマラソンをダメにした』（光文社新書）
『監督と大学駅伝』（日刊スポーツ出版社）
『箱根駅伝』（幻冬舎新書）

その他「読売新聞」「スポーツ報知」「東京新聞」「朝日新聞」
等を参考にさせていただきました。

著者略歴

生島　淳《いくしまじゅん》

一九六七年宮城県生まれ。

早稲田大学社会科学部卒業後、博報堂勤務を経て、スポーツライターへ。

国内外を問わない取材、執筆活動のほか、ラジオパーソナリティとしても活躍。

主な著書に『駅伝がマラソンをダメにした』（光文社新書）

『監督と大学駅伝』（日刊スポーツ出版社）

『スポーツを仕事にする！』（ちくまプリマー新書）

『愛は負けない　福原愛選手ストーリー』（学研）

『気仙沼に消えた姉を追って』（文藝春秋）、『箱根駅伝』（幻冬舎新書）

『浅田真央はメイクを変え、キム・ヨナは電卓をたたく　フィギュアスケートの裏側』

（朝日新書）など多数。

幻冬舎新書 284

箱根駅伝　新ブランド校の時代

二〇一二年十一月十日　第一刷発行

著者　生島　淳
発行人　見城　徹
編集人　志儀保博
発行所　株式会社　幻冬舎
〒一五一-〇〇五一　東京都渋谷区千駄ヶ谷四-九-七
電話　〇三-五四一一-六二一一（編集）
〇三-五四一一-六二二二（営業）
振替　〇〇一二〇-八-七六七六四三
ブックデザイン　鈴木成一デザイン室
印刷・製本所　株式会社　光邦

Printed in Japan　ISBN978-4-344-98285-7 C0295
い-17-2
幻冬舎ホームページアドレス http://www.gentosha.co.jp/
＊この本に関するご意見・ご感想をメールでお寄せいただく場合は、comment@gentosha.co.jp まで。

幻冬舎新書

久米一正

人を束ねる

名古屋グランパスの常勝マネジメント

GM（ゼネラルマネジャー）とは、組織のあらゆることを決める要職。監督の意図を理解し、年齢や個性が違う選手たちをまとめあげる。万年中位だった名古屋グランパスを再建した方法を公開。

小泉十三　伊藤正治

ゴルフ・シングルになれる人、アベレージで終わる人

月イチゴルファーから一念発起、伊藤プロのレッスンで見事シングルになった小泉氏。だが頑固な悪癖が現れ、ハンデ11と9を行き来する泥沼に。再びプロに教えを請い、上達の法則を追究した体感レッスン書。

宮本恒靖

主将論

主将は、独立意識の強い選手たちを一枚岩にする大変難しい仕事だ。二度のW杯で、中田英寿、中村、小野らスター選手を束ねてきた著者による、個を連動させ組織力を倍増する献身的リーダー論。

岡田彰布

動くが負け

0勝144敗から考える監督論

決して自分から先には仕掛けず、相手の作戦を察知してから采配を振るう。勝つためには常に最悪の展開を想定し、「完璧な準備」をしておけばいい。マイナス思考でプラスの結果を引き出す、究極の戦術。

幻冬舎新書

井口資仁
二塁手論
現代野球で最も複雑で難しいポジション

見栄えに拘っているうちは一流にはなれない。視点を変えて目標を細分化し、地味な結果をひとつひとつ積み上げていくことが、実は成功への最短距離なのだ。目から鱗の成功バイブル!

楢﨑正剛
失点
取り返せないミスの後で

ミスが勝敗に直結するゴールキーパーは、深い絶望と激しい焦りから逃れられない。760超の失点を乗り超え、完封172という日本記録を作った、日本の〝守り神〟に、メンタルタフネスを学ぶ。

小笹芳央
「持ってる人」が持っている共通点
あの人はなぜ奇跡を何度も起こせるのか

勝負の世界で〝何度も〟奇跡を起こせる人を「持ってる人」と呼ぶ。彼らに共通するのは、①他人②感情③過去④社会、とのつきあい方。ただの努力と異なる、彼らの行動原理を4つの観点から探る。

深代千之　長田渚左
スポーツのできる子どもは勉強もできる

「東大入試に体育を」と提唱するスポーツ科学の第一人者と、数々のトップアスリートを取材してきたジャーナリストが、学力と運動能力の驚くべき関係を明らかにする。「文武両道」子育てのすすめ。